ANNE SEXTON

COMPAIXÃO

TRADUÇÃO
Bruna Beber

SELEÇÃO E APRESENTAÇÃO
Linda Gray Sexton

/re.li.cá.rio/

9	**Apresentação**
	Linda Gray Sexton
19|255	Roda de Balanço | *The Balance Wheel*

ALTA PARCIAL DO MANICÔMIO
TO BEDLAM AND PART WAY BACK

23|255	Você, Dr. Martin | *You, Doctor Martin*
25	A Música Retorna aos Meus Ouvidos
256	*Music Swims back to Me*
27|257	A Poeta Disse ao Analista | *Said the Poet to the Analyst*
28|257	Fulanas | *Her Kind*
29	Bebê Desconhecida na Maternidade
258	*Unknown Girl in the Maternity Ward*
31	Para John, Que Me Implora o Fim da Indagação
259	*For John, Who Begs Me Not to Enquire Further*
33|260	Algumas Cartas do Estrangeiro | *Some Foreign Letters*
36|261	Duplicada | *The Double Image*
43|266	A Divisão de Bens | *The Division of Parts*

TODAS AS PESSOAS QUE AMO
ALL MY PRETTY ONES

51|269	Todas as Pessoas Que Amo | *All My Pretty Ones*
53|270	A Verdade dos Mortos | *The Truth the Dead Know*
54|271	Jovem | *Young*
55|271	Eu Lembro | *I Remember*
56|272	A Operação | *The Operation*
60|275	Feitiço contra as Elegias | *A Curse against Elegies*
61|275	Esposa do Lar | *Housewife*
62|275	A Fortaleza | *The Fortress*
64|277	Do Jardim | *From the Garden*
65|277	Velha | *Old*
66|278	de Portas, Portas, Portas | from *Doors, Doors, Doors*
67|278	Bruxaria | *The Black Art*
68|279	No Museu Vivo | *In the Deep Museum*
70	Para Eleanor Boylan Falando com Deus
280	*For Eleanor Boylan Talking with God*

VIVER OU MORRER
LIVE OR DIE

73 | 280	Arreie Sua Égua e Fuja | *Flee On Your Donkey*
81 | 285	Pactuando com Anjos | *Consorting with Angels*
83 | 286	Canção de Amor | *Love Song*
85 | 287	A Morte de Sylvia | *Sylvia's Death*
88 | 289	Páscoa Protestante | *Protestant Easter*
91 | 290	Menstruação aos Quarenta | *Menstruation at Forty*
93 | 292	Vontade de Morrer | *Wanting to Die*
95	Menininha, Minha Vagem, Minha Linda Mulher
293	*Little Girl, My String Bean, My Lovely Woman*
99 | 295	Bilhete de Suicídio | *Suicide Note*
102 | 297	Pena da Filha | *Pain for a Daughter*
104 | 298	A Viciada | *The Addict*
106 | 299	Aleijões e Outras Histórias | *Cripples and Other Stories*
109 | 301	Viver | *Live*

POEMAS DE AMOR
LOVE POEMS

115	Inquérito do Homem de Muitos Amores
303	*The Interrogation of the Man of Many Hearts*
119	Uma Festa para o Meu Útero
306	*In Celebration of My Uterus*
121	Ao Meu Amante Que Volta para Sua Esposa
307	*For My Lover, Returning to His Wife*
123 | 308	É Tarde de Primavera | *It Is a Spring Afternoon*
125 | 309	Só uma Vez | *Just Once*
126	Todo Mundo Conhece a História da Outra
310	*You All Know the Story of the Other Woman*
127	Balada da Masturbadora Solitária
310	*The Ballad of the Lonely Masturbator*
129 | 311	Nós | *Us*
130 | 312	Mr. Meu | *Mr. Mine*
131 | 312	Canção para uma Mulher | *Song for a Lady*
132 | 312	Outro Dia | *That Day*
134 | 313	Canção do Joelho | *Knee Song*

135	*de* Dezoito Dias sem Você
314	from *Eighteen Days Without You*

TRANSFORMAÇÕES
TRANSFORMATIONS

141 | 315	A Chave de Ouro | *The Gold Key*
143	Branca de Neve e os Sete Anões
316	*Snow White and the Seven Dwarfs*
148 | 320	Rapunzel | *Rapunzel*
153 | 323	João de Ferro | *Iron Hans*
159 | 327	O Pequeno Camponês | *The Little Peasant*
164	Briar Rose (A Bela Adormecida)
330	*Briar Rose (Sleeping Beauty)*

O LIVRO DA BESTEIRA
THE BOOK OF FOLLY

171 | 333	O Pássaro Ambicioso | *The Ambition Bird*
173 | 334	Mãe e Filha | *Mother and Daughter*
175 | 335	O Espancador de Mulheres | *The Wifebeater*
176 | 336	*de* A Morte dos Pais | from *The Death of the Fathers*
180 | 338	*de* Os Papéis de Jesus | from *The Jesus Papers*

OS CADERNOS DA MORTE
THE DEATH NOTEBOOKS

187	Para o Sr. Morte, Que Mantém a Porta Aberta
341	*For Mr. Death Who Stands with His Door Open*
189 | 342	*de* As Fúrias | from *The Furies*
196 | 346	*de* Ó Línguas Vossas | from *O Ye Tongues*
200 | 347	A Caminhada de Jesus | *Jesus Walking*

A REMADURA MEDONHA RUMO A DEUS
THE AWFUL ROWING TOWARD GOD

205 | 348	Remadura | *Rowing*
207 | 349	A Guerra Civil | *The Civil War*
208 | 350	Coragem | *Courage*
210	Quando o Homem Penetra a Mulher
351	*When Man Enters Woman*

211|351	A Terra | *The Earth*
213|352	Finado Coração | *The Dead Heart*
215|353	A Doença Terminal | *The Sickness Unto Death*
217|354	Bem-vinda, Manhã | *Welcome Morning*
218|355	Frenesi | *Frenzy*
219|355	O Fim da Remadura | *The Rowing Endeth*

Obra de publicação póstuma
Posthumously published work

MERCY STREET, 45
45 MERCY STREET

225	Cigarettes and Whiskey and Wild, Wild Women
356	*Cigarettes and Whiskey and Wild, Wild Women*
226|357	Comida | *Food*
227|357	O Balanço do Dinheiro | *The Money Swing*
228|358	do Bestiário EUA | from *Bestiary U. S. A.*
229|358	Retrato de uma Época | *Where It Was at back Then*
230|359	O Risco | *The Risk*
231|359	Mercy Street, 45 | *45 Mercy Street*

PALAVRAS AO DR. Y.
WORDS FOR DR. Y.

237	de Cartas para o Dr. Y. (1960-1970)
361	*from Letters to Dr. Y. (1960-1970)*

ÚLTIMOS POEMAS
LAST POEMS

245	Reprimendas a uma Pessoa Especial
364	*Admonitions to a Special Person*
247|365	Pré-escrito | *As It Was Written*
248	Carta de Amor Escrita num Edifício em Chamas
366	*Love Letter Written in a Burning Building*
250|367	Glória | *In Excelsis*

253	**Mercies**
370|371	**Sobre Anne | Sobre Linda**
372	**Sobre Bruna**

Apresentação

por Linda Gray Sexton
tradução de Laura Torres

Anne Sexton me nomeou como sua executora literária em julho de 1974, apenas três meses antes de seu suicídio, em outubro daquele ano. Ela morreu somente algumas semanas antes de completar 45 anos. Poeta norte-americana revolucionária, ela foi uma mulher cuja vida foi marcada, por um lado, por um talento que lhe rendeu o Prêmio Pulitzer e, por outro, por um transtorno mental devastador e persistente que acabou por matá-la. Alguns a chamavam de gênio. Eu a chamei de mãe.

Eu sabia tão pouco, mas sabia tanto. Já naquela época, para mim era evidente a imensa força debilitante da depressão. Depois do meu nascimento, em 1953, e depois do nascimento de minha irmã, em 1955, minha mãe sofreu duas crises; ela embarcou em uma montanha-russa de internações em várias instituições psiquiátricas, muitas das quais foram interrompidas por seu sucesso meteórico no mundo da poesia norte-americana, no período de 1957 a 1974.

Nascida em Newton, Massachusetts, em 1928, ela foi criada em uma família protestante pouco rígida. Seu pai era um próspero comerciante de lã, e a mãe, herdeira de uma família abastada, contava com duas empregadas e uma cozinheira para a execução das tarefas domésticas. Anne já era uma dona de casa de 29 anos quando seu primeiro psiquiatra, Dr. Martin Orne – que a diagnosticou inicialmente com depressão pós-parto e, mais tarde, com o termo genérico usual à época, "histeria" –, recomendou que, como contramedida para a depressão, ela tentasse escrever poesia para ajudá-la a lidar com sua condição clínica. A sugestão dele a libertou, dando-lhe carta branca para explorar tanto seu transtorno mental quanto sua própria natureza humana, e logo uma pilha de poemas estava sobre a mesa de Anne. Com alguma hesitação, mas empregando um talento artístico singular, ela criou um retrato nítido das experiências vividas e das provações suportadas por pacientes psiquiátricos nos recônditos de suas mentes. Mais tarde, Orne lhe diria que, se algum dia ela publicasse seus poemas, as experiências que compartilhava neles poderiam ajudar outras pessoas a se sentirem menos solitárias.

Poucos meses depois de escrever seus primeiros versos, ela se inscreveu em um curso de poesia em Boston. Esse seria o primeiro passo de uma jornada que a colocaria em contato com outros escritores que estavam começando a trilhar o mesmo caminho. Juntos, fabricariam um novo tipo de poesia: estreitamente ligada à intimidade de seu autor ou autora – e, para os padrões da época, impudente e sem remorso algum.

No final da década de 1950, nos Estados Unidos, a poesia estava em meio a uma transformação, subitamente impregnada por um ponto de vista novo e radical, e Anne definitivamente se destacava nesse cenário. Até então, em seus textos, os poetas usualmente forjavam máscaras solenes e impessoais, de modo que, falando por trás delas, expressavam-se sem expor sua vida particular. No entanto, com a publicação de *Life Studies*, de Robert Lowell, e *Heart's Needle*, de W. D. Snodgrass, ambos em 1959, um novo estilo de poesia começou a aparecer muito rapidamente nas revistas e jornais literários norte-americanos, e, em pouco tempo, também em um número cada vez maior de coletâneas das principais editoras. Chamada de "confessional", ela foi muito além das limitações que as gerações anteriores haviam estabelecido para o que era tido como temática apropriada. Ultrapassando os limites usuais de decoro e recato, e falando francamente sobre o eu, esse tipo de poesia fez uso de emoções e acontecimentos íntimos e os transformou na essência de sua arte. A comunidade literária e o público a consumiram com grande avidez, e logo os psiquiatras começaram a recomendar o trabalho de Anne a seus pacientes, como se estivessem encaminhando-os a uma colega altamente conceituada.

Ela começou a desenvolver um estilo próprio e inimitável num ritmo que deixava impressionados os que a cercavam. Debruçada sobre sua máquina de escrever enquanto o tempo corria – às vezes até tarde da noite, depois que todos já estavam dormindo –, ela revisava e tornava a revisar cada poema. Logo, tinha-os em número suficiente para encher uma pasta. A fim de aliviar sua carga como dona de casa, uma empregada doméstica contratada por sua mãe fazia a limpeza e lavava a roupa. Sua sogra cuidava de mim e de minha irmã, supervisionando o planejamento das horas do dia quando éramos bebês e crianças pequenas para que Anne pudesse escrever, e, quando chegamos à adolescência, nos levava para as aulas de dança de salão e para os treinos no Glee Club.

Desde o início, minha mãe ficava do final da manhã até o início da noite martelando as teclas da máquina de escrever em sua mesa abarrotada na sala da casa – pressionava a si mesma para tornar-se melhor. Meu pai tentava encorajá-la, apesar do tempo precioso que essa escrita tirava de nossas horas em família; em um nível mais profundo, no entanto, ele era incapaz de entender e começou a se ressentir da vontade dela de criar, em ritmo e rima, uma poesia que muitas vezes revelava a fundo a intimidade do casal.

E então, também, outra pressão se fez sentir: mesmo enquanto seus horizontes se ampliavam no universo poético de Boston, a batalha entre ela e suas vozes interiores continuava, e as difíceis sessões com Dr. Orne também exigiam muito de seu tempo e de sua atenção. A investigação psíquica exigida pela terapia, que começou com Dr. Orne e depois continuou com uma sucessão de psiquiatras ao longo dos anos, deu a ela o material para o estilo de poesia que a tornaria famosa.

Robert Lowell tomou conhecimento de seu trabalho em 1958, e, apesar de sua ansiedade por estar em uma sala de aula tradicional, ela começou a estudar com ele na Universidade de Boston. Foi lá, sob a tutela dele, que Anne conheceu Sylvia Plath, que havia retornado recentemente da Grã-Bretanha e, da mesma forma, estava só começando sua jornada rumo a um sucesso extraordinário. W. D. Snodgrass, Nolan Miller, George

Starbuck, John Berryman e Maxine Kumin tornaram-se seus compatriotas na escrita do "estilo confessional". Todos eles influenciariam seu trabalho nos anos seguintes.

Mais tarde, Anne admitiria que detestava o termo "confessional", por considerá-lo reducionista. No início dos anos 1960, no entanto, ela esteve lado a lado com os notáveis poetas reunidos sob essa égide, uma vez que, tanto em conjunto como individualmente, eles elaboraram suas respectivas e inconfundíveis vozes. Como eles, ela mergulhou fundo nos temas que eram evitados por outros que escreviam de maneira mais convencional.

Se você nunca leu a obra de Anne Sexton, agora conhecerá uma poeta que fala com uma coragem extraordinária e que se aprofunda em assuntos que eram considerados inadmissíveis em sua época: traumas de infância e incesto; dependência de drogas e de álcool; loucura e depressão; masturbação e menstruação; casamento e adultério; maternidade, filhos e amizade; o desejo de viver e o desejo de morrer. Esses são apenas alguns dos temas que ela abordou, cada qual com ardor, fúria e, ao mesmo tempo, uma clareza contundente. Hoje, essa lista de tópicos pode parecer banal, mas no início dos anos 1960, tanto nos EUA quanto na Inglaterra, ela era considerada muito radical.

Em pouco tempo, seus primeiros poemas foram publicados em revistas como *The Saturday Review*, *The New Yorker* e *Harper's Magazine*. Em 1960, a coletânea *To Bedlam and Part Way Back*[1] foi publicada pela prestigiosa Houghton Mifflin Company, com *All My Pretty Ones* logo em seguida, em 1962. Ambas renderam inúmeros elogios. Ela estava a bordo.

No entanto, mesmo que o rótulo "confessional" tenha lhe proporcionado alianças, a participação de Anne em uma comunidade intelectual contribuiu para aumentar a ansiedade que continuava a atormentá-la à medida que avançava em sua terapia com Dr. Orne. Sua incipiente educação formal a per-

---

1. [N. T.] Para conferir os títulos em português das obras e poemas aqui mencionados, consultar o sumário.

turbava e atormentava; ela havia completado somente um ano em um *junior college*² – que sempre descreveu para mim da seguinte forma: "uma escola de boas maneiras onde aprendi a fazer o molho branco perfeito". Tão logo começou a escrever, ela também começou a ler, absorvendo tudo com sofreguidão, de Henry James e Flaubert a Freud e Jung, para combater o medo de se revelar uma ignorante. Frequentemente ela lia mais de um livro ao mesmo tempo, fazendo orelhas nas páginas e escrevendo anotações nas margens. Nenhum autor era difícil demais para ela; nenhum livro era menos do que fascinante. Neles, ela descobriu um outro lado de si mesma, um lado ávido por conhecimento.

Apesar de ser autodidata, os últimos anos de sua carreira trouxeram consigo um convite para ministrar, em 1970, aulas de escrita criativa na Universidade de Boston. Lá, apesar do período em que foi obrigada a ficar longe de sua máquina de escrever, ela descobriu que a prática de ensino na forma de oficinas para jovens poetas trazia-lhe inspiração e revigorava seu próprio trabalho. Em 1972, a Colgate College lhe ofereceu a *Crashaw Chair in Literature*³ com um cargo de professora titular. Ela recebeu vários títulos de doutora *Honoris Causa*, um Phi Beta Kappa⁴ honorário da Universidade de Harvard e muitas

---

2. [N. T.] Os *junior colleges* (ou *community colleges*) são instituições de ensino superior nos EUA que oferecem cursos com duração de 2 anos. Grosso modo, são similares aos cursos superiores de tecnologia (graduação tecnológica) ofertados no Brasil. Oferecem tanto programas educacionais amplos visando ao posterior ingresso no bacharelado como programas voltados para a educação de adultos e educação continuada. Dispõem também de cursos em artes aplicadas para aqueles que não têm como objetivo a obtenção de um diploma.
3. [N. T.] A Colgate University é uma instituição de ensino superior localizada no Estado de Nova York, nos Estados Unidos, referência no ensino multidisciplinar de humanidades, artes, ciências sociais e naturais (*liberal arts education*). A cátedra oferecida a Anne foi criada em 1951, financiada por doações de ex-alunos. Sua nomeação para a *Crashaw Chair in Literature* é um sinal de reconhecimento e prestígio.
4. [N. T.] A sociedade honorífica acadêmica Phi Beta Kappa, criada em 1776, é a mais antiga dos Estados Unidos. Dedicada à formação em artes e ciências, seus membros são selecionados de acordo com a excelência, o alcance, a originalidade e o rigor com que seu percurso acadêmico é conduzido; além de um desempenho excepcional, o candidato ou a candidata deve demonstrar abrangência de interesses,

bolsas de estudo na área de literatura por instituições conceituadas, além de ter sido nomeada membro da Royal Society of Literature na Grã-Bretanha.

Cabe dizer que, embora a escrita de Anne Sexton tenha atraído principalmente mulheres, seus temas bastante abrangentes sempre incluíram homens. Ela nunca se intitulou "feminista", mas sua carreira brilhante de fato rompeu com o papel que lhe fora atribuído como "dona de casa" nos anos 1950 e início dos anos 1960, uma época em que se esperava que as mulheres se limitassem à maternidade, a cozinhar bolo de carne e a lavar roupa – às vezes, com prazer, mas outras com uma sensação de claustrofobia e isolamento. Em seu exemplar do inovador *A mística feminina*, da escritora estadunidense Betty Friedan, Anne escreveu repetidamente nas margens do livro "Esta sou eu! Eu!", sublinhando a lápis com tanta força que a página ficou marcada. Libertando-se de tudo o que Friedan condenava, ela serviu de exemplo para outras que também precisavam se livrar dos estereótipos tradicionais daquela década. Ela falou pelas mulheres, e as mulheres responderam.

Se você tivesse conhecido minha mãe em um coquetel, teria ficado impressionado com sua beleza e vivacidade, bem como com a vulnerabilidade que se escondia sob seu sorriso, perceptível quando você olhava com atenção suficiente. Ela era espirituosa e charmosa, capaz de cativar a plateia e, no auge da carreira, durante as leituras de sua poesia em público – sempre repletas de gente –, captava totalmente a atenção de todos. Vestida de forma sedutora e gesticulando com seus braços e mãos graciosos, falava em um tom baixo e rouco. Tudo nela exalava sensualidade e, ainda assim, ela trazia para as pessoas reunidas ali uma arte que impressionava tanto por sua gravidade quanto por seu drama. Ela sempre ficava ansiosa ao se apresentar em público, mas disfarçava bem e geralmente terminava com uma nota alta – por exemplo, em seus últimos anos, com um poema como

---

sagacidade e honestidade intelectual. A rigor, apenas estudantes do ensino superior podem ser membros da sociedade.

"The Rowing Endeth". A plateia aplaudindo-a de pé era quase sempre sua recompensa.

Anne começou a oferecer conselhos e auxílio a uma nova geração de poetas e escritores nos quais ela via talento: Erica Jong, C. K. Williams e Mary Gordon, e todos eles se tornariam o sucesso que ela previra quando lhe escreveram pela primeira vez com amostras de seus trabalhos. Entre seus amigos e parceiros profissionais, ela agora contava com Ted Hughes, John Cheever, Kurt Vonnegut, John Malcolm Brinnin, James Dickey, Joyce Carol Oates, May Swenson, Donald Hall, Stanley Kunitz e outros. Sua experiência no "lance das palavras", como ela gostava de chamá-lo, estava se expandindo.

Após a publicação de *Live or Die*, em 1966, que lhe renderia o Pulitzer um ano depois, e de *Love Poems*, em 1969, o chão áspero e cheio de tabus em que ela havia pisado com tanta incerteza no início se tornou um caminho mais suave. A poesia não era mais tão assustadora, talvez nem para ela mesma, nem para os leitores; e, no meio da carreira, ela estava procurando algo diferente que a inspirasse. Sempre motivada a trazer novos materiais para seus leitores, ela escolheu o horror inconsciente dos contos de fadas para suplantar o horror óbvio das instituições psiquiátricas. Em 1970, ela enviou para a Houghton Mifflin o livro *Transformations*, que reinterpretava os contos dos Irmãos Grimm em poemas que brilhavam com um senso de humor bastante ácido; esse humor – por mais ácido que fosse – sempre fez parte de sua maneira de ver as coisas, mesmo com todos os problemas que enfrentou durante a vida, e agora ela o incluía em seu trabalho. A Houghton Mifflin se mostrou apreensiva com o fato de ela se distanciar de seu estilo habitual, mas, por insistência de Anne, publicou o livro em 1971. Ele se tornou uma de suas obras mais populares.

Por mais vibrante que fosse, no entanto, *Transformations* não a sustentaria. Pouco a pouco, com o passar dos anos, amigos, familiares e uma sucessão de novos psiquiatras começaram a se desvencilhar do tsunâmi do transtorno de Anne e do alcoolismo que ela jamais conseguiria derrotar. Nos anos que antecederam seu suicídio, Anne buscou cada vez mais conforto em um Deus que ela mesma fabricou. Ela escreveu extensivamente sobre Jesus, anjos e religião em *The Book of Folly* (1972) e, talvez de forma mais significativa, nos salmos reunidos na série "O Ye Tongues", no último volume de sua poesia editado enquanto ainda estava viva, *The Death Notebooks*, de 1974.

Seu enfoque religioso culminou em *The Awful Rowing Toward God*, que seria publicado postumamente, em 1975. Cru, potente e escrito no que Maxine Kumin chamou de "uma temperatura incandescente" em apenas algumas semanas, a obra foi a última palavra de uma mulher que se apelidara de "Ms Dog" – um palíndromo para "Deus" em inglês. Nesses últimos anos, ela procurou por ele, por ela ou por aquilo em todo e qualquer lugar. Quando a loucura e o alcoolismo batiam à sua porta, ela se confortava com a ideia de que, em algum lugar e em algum momento, um ser benevolente lhe daria algum alento quando tudo mais falhasse.

Ela não parou de escrever nos meses que antecederam seu suicídio e produziu mais poemas sobre a busca por algum tipo de crença; esses poemas eu reuni e publiquei postumamente, depois de ter tempo para refletir sobre o que ela mesma teria feito. Em 1976 e 1978, respectivamente, editei *45 Mercy Street* e *Words for Dr. Y.* em conjunto com seu editor na Houghton Mifflin. Ambos foram publicados com grande estardalhaço, juntamente com uma série de *Últimos Poemas* (*Last Poems*) que consideramos magistrais e relevantes, ainda que ela não houvesse se decidido por sua publicação. Todas essas três últimas coletâneas, frequentemente marcadas por sua crescente inclinação à religião, foram incluídas no *The Complete Poems*, editado em 1981.

No final de sua vida, cada vez mais sozinha e apartada da família e dos amigos por não conseguir manter-se próxima, Anne imaginou Deus como uma mulher que lhe proporcionaria amparo e amor. Em algum momento de abril, seis meses antes de sua morte, quando o ritmo de sua escrita começou a diminuir, o poema "In Excelsis" emergiu de sua máquina de escrever. Escrito para sua última terapeuta – uma mulher que ela passou a amar e da qual também passou a depender –, o texto retrata as duas de pé à beira do oceano e capta seu anseio por uma mulher divina e compreensiva que lhe concederá a serenidade pela qual ela tanto ansiou ao longo dos anos, bem como o auxílio que se encontra nas profundezas marinhas dos "braços da grande mãe". Entrando nas ondas "como em um sonho", ela deixa o passado à beira-mar e vai, tropeçando, abraçar a corrente. "In Excelsis" fala à última fome de sua vida, e encerrar este volume com ele parece apropriado.

Apesar da origem protestante, seu desejo por uma religião que se baseasse tanto em cerimônias quanto na ritualística a levou ao catolicismo; no final, porém, um padre a quem ela pediu que a absolvesse negou-se a fazê-lo – por ela não ser da fé, ele não poderia ouvir sua confissão nem administrar os últimos sacramentos. No entanto, ele a tranquilizou, dizendo que ela não precisava de nenhum dos dois. "Deus está na sua máquina de escrever", disse-lhe ele, assim como Dr. Orne havia dito certa vez que a sanidade poderia ser encontrada exatamente no mesmo lugar.

Não é exagero dizer que, mesmo naquela época, em 1974, o desafio proposto a ela há 26 anos pelo Dr. Orne já havia sido superado. Ao se matar, Anne Sexton deixou para trás não só uma família em sofrimento, mas milhares de outros "leitores comuns" que haviam se tornado menos sós graças à sua obra e que ficaram desolados com seu suicídio. E um público devoto continua ávido até hoje por sua estética audaciosa. Como sua filha e executora literária, sou bombardeada com pedidos daqueles que desejam entrar em contato comigo por eu ter sido tão próxima a ela – eles desnudam suas vidas e seus sentimentos para mim, assim como um dia ela ousou desnudar os seus para eles.

Os leitores deste livro talvez sintam que também passaram a conhecer Anne Sexton tão bem quanto as pessoas mais próximas a ela, pois cada poema reverbera com a marca de sua vida. Aquele outubro pôs fim à vida de uma mulher atormentada que ajudou a mudar a face da poesia norte-americana em duas curtas décadas, e a comunidade literária do país lamentou a perda prematura de sua genialidade. No entanto, em última análise, foi a poesia que a salvou por tantos anos, e é a poesia que permanece conosco. Hoje, sua obra encontra-se publicada em todo o mundo; foi traduzida para mais de trinta idiomas e musicada tanto para a ópera quanto para o rock, além de ter sido transformada em inúmeras produções teatrais; é objeto de incontáveis antologias, e seu conteúdo é ministrado no ensino médio e em universidades ao redor do mundo. Por meio de seu trabalho, podemos, apesar de nossa perda, ter algum alento: por meio de seu trabalho, é possível continuar a ouvir uma mulher que falou com franqueza e, assim, transformou o mundo da poesia em sua época.

No dia em que me nomeou sua executora literária, ela me escreveu uma carta na qual confidenciou uma última esperança: "Talvez, apenas talvez, o espírito dos poemas perdure depois de nós duas, e um ou dois serão lembrados daqui a cem anos... e talvez não". Apesar de suas dúvidas sobre a capacidade de seu legado se manter, esse último desejo foi atendido. Sua poesia certamente será lembrada por cem anos – e mais. Ela seguirá viva.

Roda de Balanço

Quando acenei à amplidão
E esperei seu amor num cochilo de fevereiro,
Avistei pássaros agitados, contemplei sua proliferação
Rumo a uma árvore, tecendo nos galhos, costureiros
De ninho nos ramos de abril, do Sul para um quinhão
No colo vadio da terra, dentes de uma roda de balanço.
Vi fundarem o ar, à moda dos pássaros, sem descanso.

Quando aceno à amplidão
E compreendo o amor, ciente do calor de agosto,
Avisto pássaros cruzando a coxa de gelo e turvação
Do outono, saídos do ninho, asas no sentido oposto,
Para o Sul empretecendo o céu em procissão
Como sinais de beleza na formosura de um rosto.
Avisto-os empenar o ar, escapulir, pássaros afiando o gosto.

de **ALTA PARCIAL DO MANICÔMIO**

[TO BEDLAM AND PART WAY BACK, 1960]

Você, Dr. Martin

Você, Dr. Martin, caminha
do café para a loucura. Agosto no fim
e vou com tudo no túnel antisséptico
onde almas penadas insistem na ladainha
de compelir sua ossada no trampolim
da cura. E sou rainha deste hotel de veraneio
ou a abelha risonha numa plantinha

da morte. Nós fazemos uma fila
enviesada e esperamos no umbral
a contagem nos portões ingratos
do jantar. O xibolete sibila
e avançamos, com nosso avental
sorridente, no ensopadinho.
Mastigamos em fila, os pratos
arranham e choramingam feito varinhas de cal

no quadro-negro. Não há facas
para cortar a garganta. Tenho que costurar
mocassins toda manhã. Antes minhas mãos
ficavam vazias, eram mãos velhacas
nas vidas que exerciam. Agora vou me dedicar
a reavê-las, cada dedo resmungão
exigindo o conserto do que o outro vai quebrar

amanhã. Amo você, é a verdade;
você se empina sob um céu caolho,
deus do nosso pavilhão, príncipe das feras.
As coroas quebradas são a novidade
que o Jack usava. Seu terceiro olho
serpenteia entre nós e ilumina as esferas
onde choramos ou ficamos de molho.

Estou ciente do senão:
aqui somos criançolas. Cresço a todo vapor
na melhor enfermaria. Seu lance é gente,
você telefona para o hospício, um espião
profético em nosso ninho. No corredor
o interfone toca para você. Você gira em direção
às crianças ferinas no torpor

da enchente de vida na geada.
E somos fascinantes falando com o além,
escandalosas e sós. Meus pecados reinam em mim
esquecidos. Ainda estou desnorteada?
Já fui bonita. Agora sou de mais ninguém,
contando pessoas nessa fila, e aquela de mocassins
espera por mim também.

A Música Retorna aos Meus Ouvidos

Minutinho, moço. Qual é o caminho de casa?
Eles apagaram as luzes
e a escuridão ali no canto é comovente.
Não há sinalização neste quarto,
quatro senhoras, mais de oitenta anos,
todas usando fraldas.
La la la, a música retorna aos meus ouvidos
e ainda ouço a melodia tocada
na noite em que me deixaram
nesta instituição privada sobre a colina.

Imagina só. Um rádio tocando
e todo mundo em volta era maluco.
Gostei e entrei na roda.
A música dispersa o sentido
e curiosamente
tem a visão melhor que a minha.
Quer dizer, é melhor da memória;
relembra a noite em que cheguei aqui.
Aquele frio sufocante de novembro;
até as estrelas se espremiam no céu
e uma lua resplandecente
engarfava as grades da janela e fincava
a cantoria na minha cabeça.
Do resto já esqueci tudo.

Me amarram nesta cadeira às oito da manhã
e não há placas indicando o caminho,
só o rádio tocando para si mesmo
e a tal canção de memória
melhor que a minha. Oh, la la la
retorna aos meus ouvidos.

Na primeira noite entrei na roda
e não tive medo.
Moço?

A Poeta Disse ao Analista

Meu lance é a palavra. Palavras são como rótulos,
ou moedas, ou melhor, abelhas enxameadas.
Confesso que só a origem das coisas me arrebata;
como se as palavras somassem feito abelhas mortas no sótão,
despregadas de seus olhos amarelos e das asas ressacadas.
Prefiro esquecer os modos que uma palavra tem de escolher
outra palavra, e se moldar a uma outra, até que eu ache
algo que poderia ter dito…
mas não disse.

Seu lance é observar minhas palavras. Mas eu
nada admito. Dou meu melhor, por exemplo,
quando escrevo louvores a um caça-níquel,
naquela noite em Nevada: conto do tal *jackpot* mágico
que surgiu badalando três sinos, e da sorte na tela.

Mas se você disser que estou inventando coisas,
dou uma desculpa esfarrapada, relembro a estranheza
e o ridículo e o peso das minhas mãos
carregando todo aquele dinheiro de mentirinha.

Fulanas

Caí no mundo, bruxa hedionda,
apavorando a escuridão; à noite, audaz;
devaneando males, fazia minha ronda
sobrevoando casinhas, lampiões a gás:
solitária, doze dedos, doidivanas.
Mulher assim não é mulher demais.
Já fui essas fulanas.

Fiz casa nas grutas cálidas das matas,
lotei de frigideiras, esculturas, prateleiras,
armarinhos, sedas, coisas boas e gratas;
servi jantares para elfos e varejeiras:
choramingona, acolhia ratazanas.
Mulher assim é rejeitada.
Já fui essas fulanas.

Carroceiro, já montei na tua carroça
E, braço de fora, acenei para cavernas,
atenta à rota luminosa e derradeira, palhoça
pro teu fogo que ainda me morde as pernas
e tuas rodas arando minhas membranas.
Mulher assim a morte não governa.
Já fui essas fulanas.

Bebê Desconhecida na Maternidade

Filha, você deu o sopro da vida faz seis dias.
Deitada, um nozinho na brancura da minha cama;
enroscada feito caracol, sadia, um toco de gente
no meu peito. Lábios de feras; ao peito não é avessa
e sente o amor. No início, a fome não é desalinho.
As enfermeiras concordam; que você prevaleça
pelos corredores assépticos com o bando sem ninho
em alcofas volantes. Tilinta feito xícara; sua cabeça
busca minhas mãos. Você é minha e sente.
Mas estamos num hospital, sobre esta cama.
Logo serei a criadora desconhecida pela cria.

O corpo clínico é de verniz. Querem entender
os fatos. Presumem o homem que me abandonou,
alma pendular, homens circundam sua própria esfera
e restamos grávidas. Mas nossa anamnese
segue em branco. Eu só queria ver você vingar.
E cá estamos nós e a maternidade que nos preze.
Eles me acharam esquisita, apesar
de que mal abri a boca. Breve exegese:
pari você para que conhecesse a atmosfera.
O corpo clínico anota as charadas que indagou
e eu desvio o olhar. Eu não sei responder.

Seu rosto é o único que reconheço.
Costela da minha costela, suga minhas respostas.
Seis vezes ao dia eu mitigo
suas necessidades, as feras dos seus lábios, carnuda
e quente você se estira. Vejo seu olhar fulgente,
armando suas tendas. É de pedra azul, e já pontuda
excede o musgo. Você pisca de repente
e me pergunto o que você vê, minha cópia miúda,
perturbando meu silêncio. Da mentira sou abrigo.

Devo reaprender a falar ou, já sem apostas
na sanidade, tatearei outro rosto que reconheço?

As alcofas apontam no corredor. Meus braços
recebem você feito as mangas da camisa, seguro
os amentos do salgueiral, a colmeia que barafusta
em seus nervos, seguro cada músculo e dobra
dos seus primeiros dias. A cara do seu pai desarma
as enfermeiras. Volta o corpo clínico e se desdobra
para me repreender. Falo. Meu silêncio te alarma.
Devia ser mais cautelosa; uma palavra de sobra
e eles já teriam anotado. Minha voz assusta
minha garganta. "Pai – desconhecido." Seguro
você e te batizo *filha da mãe* nos meus braços.

Fica elas por elas. Nada mais
que eu possa dizer ou perder.
Muitas já negociaram com a vida
e nada puderam dizer. Em mim dou um nó,
recuso seu olhar de coruja, minha visita fatal.
Toco suas bochechas, são de flor. Você, sem dó,
me arranha. Nos estranhamos. Sou um litoral
embalando você. Você se desprende. Aponto só
o caminho, minha herança florida,
e solto você, ondulam os eus que acabamos de perder.
Vai, filha, meu pecado e nada mais.

Para John, Que Me Implora o Fim da Indagação

Não que tenha sido agradável,
mas, no fim das contas, havia
ali um certo senso de ordem;
algo que valia o aprendizado
no diário parco da minha mente,
nos lugares-comuns do manicômio
onde o espelho trincado
ou minha morte egoísta
me encaravam.
E se eu tentasse
dar algo mais para você,
algo exterior a mim,
você jamais entenderia
que o pior que alguém
pode ser é, enfim,
um acaso de esperança.
Cutuquei minha cabeça;
era de vidro, uma tigela invertida!
É uma coisa de nada
enfurecer-se na própria tigela.
No início era segredo.
Depois tomou conta de mim;
era você, ou sua casa
ou sua cozinha.
E se você der as costas
afinal não há lição aqui
vou segurar minha tigela troncha,
cheia de estrelas luzidias e loucas
feito mentira cabeluda,
e selarei uma nova pele em volta
como se vestisse uma laranja
ou um sol esquisito.
Não que tenha sido agradável,
mas havia alguma ordem ali.

Algo de muito bom reservado
para alguém
com esse tipo de esperança.
É algo que jamais consegui encontrar
num ambiente mais aprazível, querido,
embora seu medo seja o medo de todo mundo,
um véu invisível que nos perpassa...
e, às vezes em segredo,
minha cozinha é sua cozinha,
meu rosto é seu rosto.

Algumas Cartas do Estrangeiro

Conheço você não é de hoje porque é ancestral,
terna Mulher de Branco que sei de cor. O natural
é que repreendesse esta vigília, lendo suas cartas
como se eu fosse a destinatária desses carimbos postais.
Sua primeira postagem é de Londres, de casaco de pele
e um vestido novo em folha no inverno de 1890.
Li que, no Lord Mayor's Day, Londres é entediante,
e você foi escoltada por ladrões, nas bibocas
de Whitechapel, e tentaram roubar sua bolsa durante
o passeio para ver Jack, o Estripador, desossar corpos.
E que, nesta quarta em Berlim, acha de bom-tom
ir a um bazar na casa dos Bismarck. E avento
você, jovenzinha, num mundo ainda bom,
escrevendo três gerações antes da minha. Tento
acompanhar você, reaver o fôlego e o solo...
mas a vida é tramoia, é levar gato por lebre.

A tiracolo vai o tempo que sua morte escoa.
A que distância, sobre patins niquelados, você voa
naquela pracinha em Berlim, passando por mim
com o Conde enquanto uma banda marcial comporta
uma valsa de Strauss. Amei você enfim
já velha e preguegada, com a mão torta.
Você leu *Lohengrin* e começou a comer sardinha
e arrotar caviar enquanto brincava de realeza
em Hanover. Hoje sua correspondência adivinha
a história num palpite. O Conde tinha condessa.
Você era a tia solteirona que morava em nossa casa.
Esta noite também li que o uivo do inverno envolvia
as torres do Castelo Schwöbber, que a brasa
do idioma sacal dilatava sua boca, e você adorava a melodia
dos ratos a sapatear no chão de pedregulho batido.
Quando você era minha usava fone de ouvido.

Hoje é quarta, perto de Lucerna, nove de maio
na Suíça, há sessenta e nove anos. Caio
na sua primeira escalada ao San Salvatore;
a trilha é rochosa, o sapato está furado,
conheceu uma ianque, o interior
metálico de seu corpo afável. O Conde do lado,
ele escolhe a próxima escalada. O paramento
eram cajados alpinos, sanduíche de presunto
e água com gás. Não ouvi seu lamento
sobre a mata densa de espinheiros e arbustos,
nem sobre a escarpa, a vertigem e a borrasca
sobre o Lago Lucerna. Até sem agasalho
o Conde suava e você cruzava a nevasca.
Ele pegou sua mão e beijou você. Seu atalho
para casa foi pegar o barco a vapor no cais;
Paris, Verona, Roma, ou outros carimbos postais.

Você está na Itália. Aprende sua língua materna.
Li que no Palatino você bateu muita perna
nas ruínas dos palácios cesaristas;
sozinha no outono romano, sozinha desde julho.
Quando era minha, fizeram você sumir de vista
com um chapéu belíssimo sobre o rosto. Atulho
de lágrimas meus dezessete anos. Envelheci.
Li que sua carteirinha de estudante abriu as portas
da capela de Nicolau V no Vaticano e te vejo curtir
com o resto do grupo, assim como saíamos tortas
dos Quatros de Julho. Numa quarta de novembro
você viu um balão, pintado feito bola prateada,
flutuar sobre o Fórum, imperadores se debatendo
em suas jaulinhas modernas com a brisa inesperada.
Na moralidade da Nova Inglaterra você entrou de sola,
ao lado de artesãos, vendedores de amendoim e carolas.

Essa noite vou saber te amar em dobro;
seus primeiros anos, seu rosto vitoriano.
Essa noite vou levantar a voz, interromper

suas cartas, avisar das guerras a caminho,
que o Conde vai morrer, que você vai reaver
sua América e viver endireitada no ninho
de uma fazenda do Maine. Nem adianta pirraça,
você virá pros subúrbios de Boston, ver a nata
puritana encher a lata toda noite, admirar a graça
das crianças no *jitterbug*, vai sentir a perda
da audição numa sexta na Symphony. E digo mais:
você vai desencavar aquela botina do saguão,
aquela que range a cantilena dos ais,
vai rumo ao tumulto, seus óculos vão cair no chão
e de cabelo embaraçado vai amolar os passantes
com seu amor culpado, suas orelhas minguantes.

Duplicada

1.

Faço trinta anos em novembro.
Você tem quatro, ainda tão miúda.
Contemplamos a folhagem amarela e desnuda,
debatendo-se na chuva invernal,
caindo de murcha e molhada. E eu relembro
sobretudo os três outonos da sua presença muda.
Disseram que eu nunca mais veria você neste local.
Então eu digo o que você nunca saberá:
todas as hipóteses clínicas
que elucidaram meu cérebro são para sempre cínicas
perto dessas folhas abatidas ao deus-dará.

Eu, nas duas ocasiões
em que tentei me matar, falei seu apelido
daqueles três meses choramingões vividos;
mas uma febre súbita chocalhava
sua garganta e eu com novos gestos e feições
encenei a pantomima. Anjos feios replicaram. É sabido,
diziam eles, que a culpa é sua. Muito se ralhava,
bruxas da mata na minha cabeça, e a ruína
gotejava feito torneira antiga;
como se a ruína tomasse seu berço porque inundava minha
  [barriga,
uma dívida antiga que a mim se destina.

A morte era mais simples do que eu pensava.
No dia em que a vida já lhe parecia tramada
Deixei as bruxas confiscarem minha alma culpada.
Fingi que tinha acabado de empacotar
para que os brancos extraíssem o veneno,
me deixando sem braço, e sumissem em meio à conversa fiada
de alto-falantes e cama hospitalar.

Ri ao sacar que aquele hotel tinha uma ferrovia clandestina.
Hoje as folhas amarelas
se agitam. Você pergunta aonde vão. Respondo que hoje elas
estavam crédulas de si, ou que cair era sua sina.

Hoje, Joyce, minha caçula,
ame a si mesma e tudo que é vivo.
Não há um Deus a quem reverenciar; creio eu
que se houvesse eu não teria deixado
você crescer longe de mim. Minha voz lhe pareceu nula
quando voltei a telefonar. Todos os superlativos
da árvore branca e do visco afortunado
serão inúteis no reconhecimento dos feriados que você perdeu.
Você guardou minha luva; quando eu não amava
a mim mesma, percorria o rastro que seu pé deixava.
Depois disso a neve reviveu.

2.

Me enviaram cartas com notícia
sua e fiz mocassins de usabilidade fictícia.
Quando amadureci enfim para conseguir tolerar
a mim mesma, morava com minha mãe. Não dá
mais pra morar com a mãe, disseram as bruxas, é fato.
Mas lá fiquei. E mandei pintar,
em represália, o meu retrato.

Quando tive alta parcial do manicômio
fui para a casa de minha mãe em Gloucester,
Massachusetts. E assim uma espécie de trato
foi refeito; e assim também desfeito.
Sou incapaz, disse ela, de perdoar o suicídio.
E nunca perdoou. Ela mandou pintar,
em represália, o meu retrato.

Eu vivia como uma hóspede raivosa,
criança grande, em frangalhos.

Lembro que minha mãe foi corajosa.
Fomos a Boston e me encheu de penduricalhos.
O sorriso de vocês, disse o artista, tem o mesmo formato.
Não dei a mínima. Mandei pintar,
em represália, o meu retrato.

Havia uma igreja onde cresci,
cheia de armações brancas, e nos mantinham ali,
enfileirados, feito tripulantes ou carolinhas
fazendo coro. Meu pai passava a cestinha.
Perdão a essa altura, disseram as bruxas, não é sensato.
Não cheguei a ser perdoada. Mandaram pintar,
em represália, o meu retrato.

3.

O verão inteiro irrigadores arcados
na relva à beira-mar.
Conversávamos sobre a seca
enquanto o campo ressecado
de sal reflorescia. Para o tempo passar
tentei cortar o mato
e de manhã pintei o meu retrato,
deixei o sorriso imóvel, até parecer formal.
Uma vez mandei uma foto de um coelho
e um postal do *Motif number one* pra você
como se fosse normal
ser mãe e desaparecer.

Penduraram meu retrato na luz que inflama
o frio boreal, um rompante
para que eu ficasse bem.
Mas foi minha mãe quem caiu de cama.
E se afastou de mim, como se a morte fosse contagiante,
como se fosse uma transferência,
como se minha morte tivesse comido sua essência.

Era agosto e você tinha dois anos, mas eu contava os dias
   [desconfiada.
No dia primeiro de setembro ela olhou pra mim
e disse que o câncer dela era coisa minha.
Suas tetas doces foram cinzeladas
e nada pra dizer eu tinha.

4.

Naquele inverno ela voltou
com alta parcial
de sua asséptica e dileta
equipe médica, mareada
do cruzeiro da radiação,
a aritmética desgovernada
das células. Cirurgia incompleta,
braço inchado, prognóstico ruim, eu ouvi
enquanto faziam a narração.

Ao longo das nevascas
ela mandou
pintar seu próprio retrato.
Um espelho contrafeito
que a parede austral retém;
sorriso perfeito, contorno perfeito.
E você era parecida comigo; constato
que estranhava meu rosto, mas era a minha cara.
Afinal você era minha também.

Passei o inverno em Boston,
uma noiva sem cria,
nenhum docinho sobrando,
só as bruxas de companhia.
Perdi sua meninice,
tentei pela segunda vez o suicídio,
naquele hotel que parece um presídio.

No Dia da Mentira a parte boa foi quando
caí na sua gaiatice.

5.

Maio, dia primeiro,
último checkout a fazer;
pós-graduada em saúde mental,
meu analista deu o aval,
um dicionário de rimas inteiro,
malas e a máquina de escrever.

Todo aquele verão aprendi
a habitar sem dilemas
meus sete buracos
visitei pedalinhos, atendi telefonemas
e, no dever de esposa, fui ao mercado,
fiz amor entre anáguas – até coquetéis servi

– e o bronzeado de agosto. Era mais belo
ver você todo fim de semana. Mentira minha.
Pouco aparecia. Imaginação tamanha
de você, minha menina e porquinha,
borboleta com bochecha de caramelo
a rebelde número três, minha estranha

encantadora. E tive que aprender
porque eu optava
por morrer a amar, sua inocência
doía e então eu catava
culpa feito um residente a saber
pelos sintomas a justa evidência.

Aquele outubro remoça
a ida para Gloucester, as colinas avermelhadas
me lembravam o casaco vermelho de pele
de raposa que eu usava na infância; ilhada

feito um urso ou uma palhoça,
feito caverna risonha ou raposa vermelha de pele.

Passamos pelo tanque de piscicultura,
pela barraca de iscas,
Pigeon Cove, Yacht Clube, Squall's
Hill, seguindo à risca a pista
da casa que sobre o mar ainda se aventura,
com dois retratos pendurados em paredes opostas.

6.

Na luz boreal, meu sorriso está parado,
a sombra acentua o maxilar.
O que será que sentada ali eu sonhava,
a espera estampada nos olhos, no lugar
o sorriso, o rosto conservado,
armadilha pra raposa eu criava.

Na luz austral, o sorriso dela está parado,
as bochechas murchando feito
orquídea seca; meu espelho zombeteiro, amor desfeito,
minha primeira imagem. Ela me olha do rosto apresentado,
daquela cabeça chapada de morte
que eu já havia refeito.

O artista captou a nuance;
nós sorrimos em nossa casa de pintura
antes da escolha prévia de caminhos distintos.
Para o casaco vermelho de raposa o fogo era a chance.
Feito um Dorian Gray - eu apodreço naquele recinto -
da minha figura.

Era isso a caverna do espelho,
aquela mulher duplicada que se aferra
a si, como algo que se empedrou
no tempo - as duas em cadeiras cor de terra.

Você beijou sua avó
e ela chorou.

7.

Eu não podia recuperar o tempo, eu sei,
exceto nos fins de semana. Você chegava
sempre com a foto do coelho nas mãos.
Na última vez desempacotei
suas malas. Trocamos carinhos vãos.
Nas primeiras visitas perguntava meu nome.
Agora você vem para ficar. Esqueçamos
a vez que, feito marionetes, nos afastamos
em cena. Não é possível que se tome
isto como amor, permitir que à filha e mãe
uns dias bastassem. Você rala o joelho. Aprende meu nome,
cambaleia pela calçada, chama, quer que eu a conforte.
Você me chama de mãe e eu relembro minha mãe,
em algum lugar da grande Boston, à beira da morte.

Lembro que lhe demos o nome Joyce
para chamá-la Joy, *Prazer*.
Você apareceu feito hóspede desajeitado
toda embrulhada e úmida
e estranha ao meu peito pesado.
Eu precisava de você. Filho eu não queria ter,
só uma filha, uma ratinha bem leitosa
já amada, já bastante ruidosa
na casa que era sua. Demos o nome *Prazer*.
Eu, que nunca tive a certeza
do que era ser uma menina, precisava de outra
vida, outra imagem para lembrar de mim mesma.
E essa foi minha grande culpa; você não podia ser a presa
ou a solução. Dei-a à luz para me encontrar comigo mesma.

A Divisão de Bens

1.

Minha Mary Gray, seio
materno, antiga moradora
de Gloucester e Essex Country,
uma cópia de seu testamento
chegou hoje pelo correio.
Eis o dinheiro e a divisão.
Represento um terço
de suas filhas contando meu quinhão
ou sou uma rainha solitária
ainda imóvel neste momento
comendo mel com pão.
É Sexta-Feira Santa.
Melros bicam o parapeito da janela.

Seu casaco no meu armário,
as pedras preciosas na minha mão,
as peles espalhafatosas
com que não tenho trato
me caem como uma dívida.
Dos vendavais de março a lembrança
de que espancavam sua casa enquanto
separávamos suas coisas: maços e maços
de cartas, prataria de família,
óculos e sapatos.
Parecia um Natal fora de época, balanças
de valor oscilante,
eu trouxe presentes que não me são gratos.

Agora retrocedem
as horas na Cruz. Em Boston os devotos
esmeram seus joelhos congelados
rumo ao adorável martírio

planejado por Cristo. Meu luto não cede,
é costumeiro, não se nota; ainda assim
eu planejei sofrer
mas não consigo. Não é do agrado
de meus ossos ianques observar
a morte em seu domicílio
de hora rude. Melros bicam ainda assim
o vidro da minha janela
e a Páscoa conduzirá seu filho maltrapilho.

44   O caos da adoração
que você me ensinou, Mary Gray,
é antiquado. Eu imito
a memória de uma certeza
que não possuo. Dou um tropeção
na sua morte e na de Cristo, o esquisito
que paira
sobre meu lar cristão, usando uma coroa
plana de espinhos. Lancei minha sorte
e sou um terço alteza
de suas coisas. O tempo, que repovoa
patrimônios, provém-me
de suas roupas, mas não de tristeza.

2.

No inverno quando
o câncer iniciou o estrago
sofri com você continuamente
ao longo de noventa dias
e lá estava você no abrigo
do seu palacete médico
para Mulheres da Nova Inglaterra
e eu sequer esquecia
o tempo que passei contigo.

Eu lia pra você
a *New Yorker*, comia os alimentos
que você rejeitava, fazia um auê
com as flores que ganhava
mexia com as enfermeiras, como se eu
fosse o bálsamo dos lazarentos
ou pudesse revogar
uma vida que se espraiava
caso eu nunca dissesse adeus.

Mas você envelheceu,
cinquenta e oito anos escorrendo
como máscaras da sua cabeça;
e no momento final
guardei suas camisolas em malas,
paguei as enfermeiras, voltei correndo
pra casa como alguém que se convenceu
a fingir afinal
que as pessoas têm casas.

3.

Desde então fingi até não poder mais,
amei com as artimanhas da necessidade, não gratuita
a ponto de repelir minha filiação
nem paparicar homem sendo mulher.
Às cinco tomo meus martínis
e atiço esta página mirrada feito cabrita
zangada. Trouxa! Fuço a infância que é um vão
aberto pela mãe e me entrego a coisas aflitas
tentando caçar amor e catar o que der.

E Cristo ainda espera. E eu na sinuca
de exorcizar a lembrança dos fins
sem me exaltar, uma criança maluca,
enroupada em sua baderna.
Cara bruxa, você é minha pior aia.

A Quaresma encaminhada por anjos ruins.
As paredes guincham *Anne! Converta-se!*
A mesa se mexe. Buu, murmura a caverna
e lá vou eu, caindo na maracutaia.

Ou me equivoquei. Terei que percorrer
o caminho de volta de novo. Ou me converter
a um amor tão atento
quanto o latim, tão sólido quanto o barro:
um equilíbrio
inédito para mim. A Quaresma que guarde
sua mágoa pra outra. Cristo bem sabe
que muita gente se apegou a ele no sofrimento,
crente que bengalas eram ícones do vestuário.

4.

A primavera enferruja seus talos
e a grama do verão passado
está ensopada e parda.
Ontem é só ocasião.
Todos os invernos vão pelo ralo,
pra bem longe. Está tudo enterrado.
Mãe, peguei sua Bonwit Teller
e dormi com ela noite passada.
Desconjuntada, você entrou pela porta
da minha cabeça. E num sonho falastrão
eu ouvi meus gritos desesperados
e amaldiçoei você, *Rainha*
se afasta da minha mansidão.
Minha rainha, você está morta.
E então, Mãe, três pedras
escorreram de seus olhos alvorados.

Agora é meio-dia, sexta-feira
e ainda caberia fazer-lhe uma maldição
com a rima dessas palavras,

para trazer você voando, amor-carocha,
longeva lona de circo, deus-freira,
toda beleza do meu verso ancião,
noiva diáfana no meio das crianças,
requinte entre a contradição
e o incômodo, ao cão de guarda a trompa
de volta pra casa, a segurança
de museu da estrela-do-mar, a chama
que arde na mulher peregrina,
maquiadora de palhaços, nas rochas
a bochecha da pomba,
dona das minhas primeiras palavras,
esta é a divisão das tramas.

E agora Cristo clama
ainda crucificado
para que o amor
louve seu sacrifício
e não a metáfora rasteira,
lá vem você, fantasma indomado
crispar minha mente sem valor
ou paraíso
e me fazer sua herdeira.

de **TODAS AS PESSOAS QUE AMO**

[ALL MY PRETTY ONES, 1962]

Todas as Pessoas Que Amo

Pai, este ano maldito nos condena à separação
porque você seguiu mamãe no sono petrificado;
segundo baque escaldando a pedra no seu coração,
deixando-me aqui para remexer e aliviar o fado
da casa que você não podia sustentar todo mês:
o código-chave, a fábrica de lã e meio provento,
vinte ternos da Dunne's, um Ford inglês,
o amor e o palavrório legal de outro testamento,
caixas de fotografias de pessoas desconhecidas.
Acaricio rostos de papelão. Que toquem suas vidas.

Mas os olhos nesse álbum, densos feito madeira,
me detêm. Demoro na foto de um garotinho
com roupa de babados à espera de alguém...
ou desse soldado que faz da corneta um brinquedinho
ou dessa mulher de veludo que não consegue sorrir.
Por acaso é o pai do seu pai, esse militar
em trajes de carteiro? Meu pai, nesse ir e vir
o tempo indeferiu quem você estava a esperar.
Não conhecerei esses rostos de outrora.
Aprisiono-os em palpites e jogo fora.

Eis o *scrapbook* amarelo que você inaugurou
no ano em que nasci; está crepitando e se enrugando
como folha de tabaco: recortes de quando Hoover derrotou
os democratas, o dedo em riste questionando
a mim e a Lei Seca; notícias de quando *Hindenburg* caiu
e dos últimos anos em que você aderiu
à guerra. Este ano, no azul mas doente, você tanto fez
para se casar com aquela viúva bonita em um mês.
Mas antes dessa segunda chance, eu chorei no seu
ombro gorducho. Três dias depois você morreu.

Aqui fotos do casamento, tempos de conciliação.
Agora rumo a Nassau, de mãos dadas na ferrovia;
aqui num torneio de lancha com o troféu na mão,
aqui de fraque dançando o *cotillion* e faz cortesia,
aqui ao lado da casa dos cachorros de olhos rosados,
correndo feito porcos de feira agropecuária no chiqueiro;
aqui minha irmã ganha um prêmio na feira de cavalos;
e aqui a postura de um duque entre seus companheiros.
Agora eu guardo você, meu bebum, meu homem do mar,
meu primeiro guardião, para depois olhar ou amar.

Pego um diário quinquenal que minha mãe guardou
por três anos, relatando a versão integral
da sua tendência ao alcoolismo. Dormiu que se fartou,
anotou ela. Deus, pai, toda noite de Natal
lembrarei do seu sangue, entornarei sua taça
de vinho num gole só? O diário desses anos de amargar
aguarda na estante que a velhice me perfaça.
Tão-neste tempo retido o amor vai perseverar.
Sendo amado ou não, vou viver mais do que você,
eu colo meu rosto exótico no seu e perdoo você.

A Verdade dos Mortos

*Para minha mãe, nascida em março de 1902
e morta em março de 1959, e meu pai, nascido
em fevereiro de 1900 e morto em junho de 1959*

Já era, decreto e saio da capela,
evitando o cortejo tétrico à sepultura,
para os mortos irem sós no rabecão.
É junho. Estou farta da bravura.

Viajamos para o Cape. Cultivo
a mim mesma onde o sol escorre do céu,
onde o mar balouça feito porta de metal
e nos roçamos. Noutro país vai-se pro beleléu.

Meu bem, o vento se precipita feito pedras
na torrente da paixão pura e ao nos roçar
viramos roçadura. Ninguém é solidão.
Vivos matam por menos, ou até bastar.

E os mortos? Jazem descalços
em seus botes de pedra. São mais calhaus
do que o mar, se estacionado. Recusam-se
às bênçãos, garganta, olhos e tchaus.

Jovem

Há mil portas atrás
fui uma criança solitária
numa casa grande com quatro
garagens e era verão
se bem me lembro,
estou deitada na grama à noite,
amarroto sob mim um trevo,
estrelas sábias sobre mim,
a janela de minha mãe um funil
de calor amarelado dissipando-se,
a janela de meu pai, entreaberta,
um olho espiando dorminhocos,
e as tábuas da casa eram
lisas e brancas feito cera
e é provável que milhares de folhas
flutuavam em seus galhos tortos
enquanto os grilos cricrilavam
e eu, com meu corpo novo em folha,
que ainda não era um corpo de mulher,
fiz minhas perguntas às estrelas
e achava que Deus de fato enxergava
o calor e a luz espraiada,
cotovelos, joelhos, sonhos, boa noite.

Eu Lembro

No começo de agosto
os besourinhos iniciavam
seu ronco e a grama era
tão dura quanto cânhamo
e incolor – nada além
da areia tinha cor
e andávamos de pé no chão
sem roupa desde o vinte
de junho e algumas vezes
esquecíamos de dar corda
no seu despertador e umas noites
tomávamos gim quente e puro
em copos velhos de plástico
enquanto o sol se punha
como um chapéu vermelho e
uma vez fiz um rabo de cavalo
com uma fita e você disse
que eu mais parecia
uma puritana e o que
eu mais lembro é que
a porta do seu quarto
era a porta do meu.

A Operação

1.

Depois da promessa terna,
do verão ameno da retirada
do tumor de mamãe, dos meses invernais de sua partida,
cheguei a esta saleta branca, a esta cama cansada,
esta pílula dura, estes estribos, e a respiração contida
porque devo autorizar à luva esta violação sebosa,
para ouvir o médico quase todo-poderoso tentar
igualar meus males aos dela
e decidir me operar.

O tumor cresceu espontâneo em seu corpo
como cresce um lactente,
espontânea como ela me abrigou uma vez, fêmea e forte.
Minha casa mais generosa antes da semente
do mal tomar seu abrigo e ela se aproximar da morte.
Frágil, digamos, com o medo em mente, aquele rosto
que usamos na sala dos odores do morrer, medo
quando a boca pasma ronca
e se acaba o segredo.

Nevava em toda parte.
Todo dia eu penava
no pico escorregadio, nos dias azuis, minhas botas
estapeando os corredores do hospital, encontrava
o séquito de enfermeiras na recepção, lorotas
sobre ela na porta do quarto, voltar com o ar exterior
grudado na minha pele, entrar farejando sua vaidade,
sua supervisão, e mentindo
pois quem ama já abriu mão da verdade.

Não há razão para temer,
pondera o médico quase todo-poderoso.

Assinto, e penso que a mulher acamada
morrerá aos poucos,
e que vale a pena o preço que se paga.
Saio, arrastando uma folha murcha,
chutando um pedaço da palha
que neste verão compôs a grama.
Prontamente entro no carro,
ciente da memorável bruxa
que está solta na minha casa
e de confrontar seu drama.

2.

O corpo já sem pelos,
me recosto macia, pernas e peitos.
Tudo que era especial, que negava apelos
agora é banalidade. Fato: a morte vai dar seu jeito.
Fato: o corpo é burro, o corpo é grão.
Amanhã, Centro Cirúrgico. De ameno, só o verão.

Ouço quartos no final do corredor apitarem
a noite toda, e a que lá fora está assentada
entedia as árvores. Ouço membros falharem
e olhos amarelados piscarem na chuva. Arregalada
e ainda sã, me deito no latão feito cordeiro que se tosou.
A lanterna de uma enfermeira me cega e vejo quem sou.

As paredes ganham traços
com a luz do dia e o quarto dá aos objetos
sua forma original. Fumo escondida e amasso
a guimba e escondo o relógio e pertences diletos.
Os corredores fervilham pernas. Sorrio pra enfermeira
que sorri pro turno da manhã. De dia é uma canseira.

Programam então que não posso beber
nem comer, só comprimidos amarelentos
e um copo d'água. Espero para ver

e ela vem com duas agulhas misteriosas: talentos
que ela sabe que tem, promessas, logo você se cura.
Mas nada é certo. Ninguém sabe. Aguardo, insegura.

Espero feito matilha
açoitando o canil. Às dez da manhã
ela volta, ri e pontilha
as drogas a que resisto. Na maca, cidadã
e dona de meu próprio corpo, deslizo pelos corredores
e subo na gaiola metálica rumo à ciência e às dores.

Pessoas de verde, imensas
de pé sobre mim; rolo na mesa
sob um sol temeroso, obedecendo à sentença:
enroscar, cabeça contra joelho, uma proeza.
Então sou içada feito sela e se inicia o arranjo.
Esvoaço sobre a minha pele, pálida feito anjo.

Pairo no submundo
das mulheres novas em trabalho de parto,
pairo sobre cabeças coroadas de bebês nascendo.
Desço pela escada dos fundos
e grito *mãe* para a morte em outro quarto,
para reabitar minha pele, agora cheia de remendos.
Os nervos saltam como fios de aço
e estalam da perna à costela.
Estranhos, rostos giram feito argolas, o braço
solicitam. Num berço de alumínio viro a vela.

3.

Aqui no arreio, crânio aos farrapos,
turva pelo choque, invoco a piedade
de minha mãe, invoco pata de sapo,
morcego de lã, a língua do cão;
que Deus me acuda, tudo em vão.
A alma que nadou em águas de tempestade

fica às moscas e afoga-se e a mente
debate-se feito peixe atracado e os olhos
são cais arriados cavalgando dormentes.
Minhas enfermeiras, almas engomadas,
pairam sobre mim nas horas inválidas
dos dias inválidos. Os ofícios
do corpo reagem ao fogo dos artifícios.
Descanso na paz das agulhas, sedada
ronco entre flores pálidas
e os olhos das visitas. Uso, com o zelo
de toda velha, uma fita
escarlate de saco de bala no cabelo.

Alta em quatro dias, agora fico à espreita
no parapeito mecânico, cotovelos
sobre travesseiros, macios como almofadas de oração.
Meus joelhos cooperam com a cama que funciona
a eletricidade. Resmungo como quem rejeita
ouvir uma mentira, e ignoro. Deus ouviu meus apelos,
eu jurava que ia morrer – mas eis-me na boleia,
me lembrando de mamãe, o som de seu bom-dia,
o cheiro de laranja e geleia.

Está tudo bem, dizem. Estou sã.
Relaxo, adornada de babados, ou, qual bufão,
passeio calçando pantufa de coelho rosa.
Leio um livro novo e passo na recepção
para escrever ao autor uma carta de fã.
Hora de catar esses cacarecos
da mesma forma atabalhoada
do primeiro dia e correr, corra, Anne,
meu estômago embrulhado como bola
de futebol disputada.

Feitiço contra as Elegias

Oh, amor, por que brigamos tanto?
Estou farta do seu papo carola.
Também farta dos mortos.
Recusam-se a ouvir,
então deixe-os em paz.
Arreda o pé do cemitério,
mortos se ocupam da morte.

Todos tiveram suas culpas:
a última dose de bebida,
o prego enferrujado e a pena de galinha
grudados na lama da soleira dos fundos,
os vermes sob a orelha do gato
e o pastor de lábios finos
que se recusou a visitar
exceto uma vez num dia pulguento
quando chegou se arrastando pelo quintal
à procura de um bode expiatório.
Me escondi na barafunda da cozinha.

Me recuso a lembrar dos mortos.
E eles estão de saco cheio de tudo.
Já você – vai nessa,
vai lá, volta lá
pro cemitério,
se deite onde imagina a posição de seus rostos;
retruque aos seus bons e velhos pesadelos.

Esposa do Lar

Há mulheres que se casam com casas.
É mais um tipo de corpo; têm coração,
boca, fígado e movimentos intestinais.
As paredes são estáveis e cor-de-rosa.
Veja como ela passa o dia de joelhos,
jogando-se pelo ralo com fé.
Homens invadem, retornados feito Jonas
para suas mães carnais.
Uma mulher é sua própria mãe.
A questão é essa.

A Fortaleza

durante um cochilo com Linda

Debaixo da manta rosa acolchoada
aperto e sinto como seu sangue pulsa.
Lá fora vejo que os bosques
por pouco vão dormir,
são restos do verão
feito enchente que a estante de livros convulsa,
restam feito promessas que não chego a cumprir.
O pinheiro rasteiro, à direita
aguarda como se fosse um hortifrúti,
ramalhetes de brócolis na prateleira.

Da cama, assistir ao vento nos agrada.
Pressiono meu dedo indicador –
meio brincando, meio apavorada –
na pinta marrom
sob seu olho esquerdo, herdada
da minha bochecha direita: alerta
de que, na nossa alma, um bicho nada bom
fuçava beleza. Filha, desde julho
as folhas são alimentadas
por uma poça de anilina roxa, sem barulho.

Às vezes adquirem um verde-luta,
os troncos encharcados feito botas de caçador,
esbofeteadas pelo vento, nada enxutas
feito capa de chuva. Não,
agora o vento não vem do oceano.
Sim, uivou na sua janela feito lobo
e seu rabo de cavalo te machucou. Faz um tempão.
O vento eriçando a maré agonizava

feito mulher. Ela não dormia,
rolava a noite inteira, grunhia, suspirava.

Querida, a vida não é da minha alçada;
a vida, com suas reviravoltas tremendas
vai conduzir você, glândulas ou mancadas,
ao que vai nascer e mamar
em seu peito, à sua própria casa numa terra que ame.
Lá fora o Celastrus se alaranja.
Antes de morrer, minha mãe e eu gostávamos de catar
bolotinhas laranja de seus galhos pesados,
presas nos fios de arame.
Capinávamos a mata, sarando árvores como aleijados.

Seus pés *tuc tuc* nas minhas costas
e você fala sozinha. Me deixe a par,
filha, o que você deseja? Que pacto
está fazendo?
Que rato é esse zunindo nos seus olhos? Qual arca
tripulo para você quando o mundo pirar?
Bosques submersos, as plantas estremecendo
com a maré; bétulas, feito badejo
em bando, a disparar.
Filha, não prometo que você vá realizar seu desejo.

Não é muito o que posso prometer.
Oferto as imagens que conheço.
Fique deitada aqui e observe.
Um faisão se arrasta
feito foca, o esterco o arrasta para o reaver
pelo colarinho branco. O palco é o preço
e ele parece um palhaço. Uma pena bege ele arrasta,
arrancada do chapéu de uma velhinha.
Risadas e afagos para dar e vender.
Prometo amor. Esse que o tempo não definha.

Do Jardim

Vem, meu bem,
considerar os lírios.
Somos de pouca fé.
Falamos demais.
Descansa essa matraca
e vem comigo ver
os lírios florescerem no campo,
vingando como veleiros,
guiando as pétalas sem pressa,
sem enfermeiras nem relógios.
Consideremos a vista:
uma casa e brancas nuvens
enfeitando salões lodosos.
Ah, deixa de lado a boa-fé
e a má-fé. Cospe
as palavras feito pedras!
Vem cá! Vem cá!
Vem comer meu fruto maduro.

Velha

Tenho medo de agulha
estou farta de tubos e lençóis plásticos.
Estou farta de rostos desconhecidos
e acho que aqui começa a morte.
A morte começa feito sonho,
cheia de objetos e o sorriso da minha irmã.
Somos jovens e estamos caminhando
e colhendo frutos silvestres
até chegar em Damariscotta.
Oh, Susan, lamentou ela,
você manchou seu cinto.
Um gosto bom –
minha boca cheia
e aquele azul doce escorrendo
até chegar em Damariscotta.
Que que foi? Me deixa em paz!
Não vê que estou sonhando?
Em sonho ninguém tem oitenta anos.

de Portas, Portas, Portas

1. Velho

Velho, pra que quatro andares de altura?
Seu quarto não é maior que a sua cama.
Esbaforido na subida, você é a xilogravura
parda de corrimão que no piso se derrama.

Basta a sala. Da vida o que sobrou repousa
amontoado em prateleiras do teto à canela
feito supermercado: seus livros, sua esposa
morta e bem gorda na moldura, a tigela

de cereal curtido que o leite barato acompanha,
sua chapa elétrica e seu único luxo, o telefone.
Você deixa a porta aberta, flana em seda castanha
e sorri para outros solitários de que não sabe o nome.
Nem tão sós assim. Do outro lado da parede antiquada
o vizinho e a namorada são a sua visita mais chegada.

Duas vezes por semana, meio-dia, na hora do almoço
eles param na sua porta para escrutinar sua vidinha.
Queixosos como se trouxessem vinho azedo e insosso
ou como se o colchão não tolerasse a conchinha

a que se dispõem, jovens demais em seus abraços.
Velho, você é o pai deles e, atento, faz um gesto
no corredor sombrio até que o despertador repique
e eles se desenrosquem. Você toma o resto

do conhaque que guardou, indagando a letra miúda
da lista telefônica. O telefone que segura com ardor
é tudo o que da família herdou. Feito um Romanoff,
você perdura em seu cubículo no final do corredor.
Náufrago, seu tempo é o sem-fim da calmaria do mar,
sem terra à vista e nenhuma história nova para contar.

Bruxaria

A mulher que escreve sente demais,
tantos transes e presságios!
Até parece que ciclos e crianças e ilhas
não bastam; ou que chorões e fofocas
e vegetais nunca bastaram.
Ela acha que pode prevenir as estrelas.
Uma escritora é sobretudo uma espiã.
Meu bem, eu sou dessas.

O homem que escreve sabe demais,
tantos feitiços e fetiches!
Até parece que ereções e congressos e resultados
não bastam; ou que máquinas e galeões
e guerras nunca bastaram.
Da mobília velha ele faz uma árvore.
Um escritor é sobretudo um patife.
Meu bem, você é desses.

Nunca o amor-próprio,
odiamos até nossos sapatos e chapéus,
mas nós nos amamos, *querido*, *querida*.
Nossas mãos de um azul suave e meigo.
Nossos olhos repletos de confissões hostis.
Mas quando resolvemos viver em harmonia
as crianças saem de casa enojadas.
É a despensa lotada e não sobra ninguém
para se empanturrar dessa abundância esquisita.

No Museu Vivo

Meu Deus, por que desse estado tão delicado?
Será que morri, sangue escorrendo pela estaca,
pulmões ávidos por ar, morri ali pelo pecado
alheio, e na boca azeda o fantasma empaca?
Meu corpo já era? De fato morri?
Ainda assim, estou viva. Onde fui parar?
Tétrica e fria, ferroo a vida. Eu menti.
Menti sim. Por alguma covardia ou pesar
meu corpo não desistiria de mim. Tateio
um tecido fino e minha bochecha está fria.
Se o inferno é isso, o inferno não é feio,
nem tão vazio ou cheio quanto se dizia.

O que ouço agora, a fungar e a desbravar
meu corpo? Sua língua move uma pedra
enquanto se aproxima, soberana. Rezar?
Está ofegante; é um cheiro e medra
do couro de um burro. Minhas feridas reputa.
Ferido, penso, e acaricio sua cabeça torta.
Sangra. Perdoei tanto assassino e puta
e agora espero feito Jonas, nem morta
nem viva, acarinhando um bicho. Um rato.
Estima com os dentes; paciente feito bom cozinheiro,
atinando seu território. Perdoo-o, é fato,
como perdoei meu Judas pelo roubo do dinheiro.

Entanco sua ferida aberta com lábios e zelo,
e seus manos se aglomeram, anjos cabeludos
cobiçando meu dom. Flautas nos tornozelos.
Não sinto quadris e pulsos. O amor é um escudo,
bendigo esta outra morte. Oh, mas com terra –
os céus, não. Na vocação podre de sua linhagem,
nos mercados, sob o redil onde o cordeiro erra
e a colina é alimento, sob o fruto selvagem

da vinha, eu sigo. Às mandíbulas e panças
dos ratos confio meu temor e profecia.
Logo abaixo da Cruz, repreendo as lambanças.
O milagre foi preservado. Faltarei, um dia.

Para Eleanor Boylan Falando com Deus

Deus tem uma voz acastanhada,
macia e robusta feito cerveja.
Eleanor, que é mais bonita que minha mãe,
está de pé e falando em sua cozinha
e eu trago cigarros como quem toma veneno.
Ela usa um vestido de verão cor de limão
e gesticula para Deus com a mão molhada
e reluzente da lavagem dos pratos de ovo.
Ela conversa com ele! Como se fosse um bêbado
que não precisa ver para falar.
É casual, mas amigável.
Deus tão próximo quanto o teto.

Embora ninguém possa afirmar,
eu não acho que ele tenha rosto.
Achava quando tinha seis anos e pouco.
Hoje é imenso, se esparrama pelo céu
feito uma água-viva mansa e colossal.
Aos oito anos eu achava que os mortos
pairavam no céu feito dirigíveis.
Hoje minha cadeira é dura como espantalho
e lá fora as moscas cantam como num coral.
Eleanor, antes que ele suma diga-lhe que...
Oh, Eleanor, Eleanor,
diga logo antes que a morte consuma você.

de **VIVER OU MORRER**

[LIVE OR DIE, 1966]

Arreie Sua Égua e Fuja

Ma faim, Anne, Anne,
Fuis sur ton âne... Rimbaud

Porque não havia qualquer lugar
para onde fugir,
voltei ao cenário da desordem dos sentidos,
voltei ontem, meia-noite
cheguei no abafado de junho à noite
sem bagagem nem bramidos,
entreguei a chave do carro e o dinheiro,
fiquei só com um maço de cigarro Salem
feito criança apegada ao brinquedo.
Abri ficha como uma desconhecida
e marquei uns X borrados –
afinal, este é um hospital psiquiátrico,
não brincadeira de criança.

Hoje um residente bate nos meus joelhos,
averigua os reflexos.
Antes eu piscava, desejava qualquer ópio.
Hoje estou pacientíssima.
Hoje os corvos jogam *blackjack*
no estetoscópio.

Todos me abandonaram
exceto minha musa,
aquela enfermeira boa.
Está na palma da minha mão,
ratinha branca e meiga.

Vadia e delicada, a cortina drapeja
e esvoaça e compõe o cenário
em que vejo as saias vitorianas
de minhas duas tias solteironas
que tinham um antiquário.

Besouros foram providenciados.
Eles se apinham no biombo feito arranjos de flores.
Besouros, arrastando seus ferrõezinhos,
flutuam lá fora, sabichões,
sibilando: *besouro tudo sabe!*
Ouvi isso na infância
mas qual é o significado?
Besouro tudo sabe!
Que fim levaram Jack e Doc e Reggy?

Quem lembra o que guarda o coração humano?
O que O Besouro Verde queria dizer, *ele sabe*?
Ou eu entendi tudo errado?
Quem me viu foi O Sombra
deste radinho aqui do lado?

Agora ouço o *Dinn, Dinn, Dinn!*
enquanto as senhoras do quarto ao lado
discutem e palitam os dentes.
Lá em cima uma garota se encaracola;
em outro quarto alguém tenta comer um sapato;
enquanto isso um adolescente anda pra cima
e pra baixo no corredor de meias de tênis.
Um médico novo faz a ronda
e anuncia tranquilizantes, insulina, choque elétrico
para os principiantes.

Seis anos de preocupações tão bobas!
Seis anos entrando e saindo deste lugar!
Ó, minha fome! Minha fome!
Poderia ter dado a volta ao mundo duas vezes
ou tido mais filhos – todos homens.
Foi uma longa viagem em poucos dias de rodagem
e sem conhecer novos lugares.

Já aqui,
é o mesmo pessoal de sempre,

o mesmo cenário em ruínas.
O alcoólico chega com o taco de golfe.
A suicida com comprimidos costurados
no forro do vestido.
Os frequentadores assíduos estão na mesma.
Rostos ainda minúsculos
como bebês com icterícia.

Nesse meio-tempo,
minha mãe saiu daqui
embrulhada que nem boneca sem dono, num lençol,
enfaixaram sua mandíbula e taparam seus buracos.
Meu pai, idem. Saiu daqui com o sangue podre
que bombeava nas mulheres do Meio-Oeste.
Mas saiu mesmo, um alcóolico reabilitado
de pés tortos e mãos imprestáveis.
Saiu daqui chamando pelo pai
que há anos morrera sozinho –
um banqueiro gordo que acabou no xilindró,
os genes estáveis feito o dólar,
abraçado ao seu segredo,
amarrado e a salvo numa camisa de força.

Já você, meu médico, meu entusiasta,
se saiu melhor que Cristo;
me prometeu outro mundo
para mostrar quem
eu era.

Na maior parte do tempo,
sou uma estranha,
condenada e em transe – um pequeno colmado,
um povoado vazio de veias azuis,
de olhos fechados na confusão do consultório,
olhos girando em direção à minha infância,
olhos recém-arrancados.
Anos de pistas

dispersas – um histórico de casos episódicos –
trinta e três anos o mesmo incesto sacal
que nos mantinha unidos.
Você, meu analista solteirão,
que trabalhava na Marlborough Street
e dividia consultório com a mãe
e tentava parar de fumar todo Ano-Novo,
virou o novo Deus,
o gerente da Bíblia de Gideão.

Fui sua aluna da terceira série
com uma estrela azul na testa.
Em transe eu tinha qualquer idade,
voz, jeito – tudo retrocedia
como um relógio de farmácia.
Acordada, eu decorava sonhos.
Eles entravam no ringue
como lutadores de terceira linha
nenhum deles valeria a aposta
mas até poderia ganhar
por falta de opção.

Olhava para eles,
absorvida pelo abismo
do jeito que se olha para uma pedreira
sobre incontáveis quilômetros,
minhas mãos balançando como ganchos
tentavam arrancar os sonhos da gaiola.
Ó, minha fome! Minha fome!

Uma vez,
já fora do seu consultório,
desmaiei à moda antiga do desfalecer
entre carros estacionados sem permissão.
Eu me joguei no chão
e me fingi de morta por oito horas.
Achei que tinha morrido

em meio a uma nevasca.
Em cima da minha cabeça
correntes trincavam como dentes
escavando sua rota pela rua nevada.
Fiquei deitada no chão
como um sobretudo
que não servia mais a ninguém.
Você me resgatou,
com ternura e sem jeito,
auxiliado pela secretária ruiva
que parecia um salva-vidas.
Meus sapatos,
lembro bem,
ficaram perdidos no banco de neve
como se meu plano fosse nunca mais andar.

Foi nesse inverno
que minha mãe morreu,
meio doida de morfina,
e, pra completar, inchada
feito porca prenha.
Dela, fui o olho gordo risonho.
A bem da verdade,
eu carregava uma faca no bolso –
uma bela duma L.L. Bean de caça do meu marido.
Eu não sabia se devia retalhar um pneu
ou esfolar as entranhas de um sonho.

Você me ensinou
a acreditar nos sonhos;
e assim virei a draga.
Me agarrei a eles feito velha artrítica,
peneirando a água com cuidado –
joguetes trevosos,
acima de tudo, misteriosos,
até beirarem a tristeza e o luto.
Ó, minha fome! Minha fome!

COMPAIXÃO

Fui aquela
a abrir na pálpebra o feixe
feito cirurgiã
e dei à luz garotinhas
que grunhiam feito peixes.

Eu avisei,
disse então –
mentindo –
que a faca era para minha mãe...
em seguida entreguei a faca.

As cortinas esvoaçam
e batem na grade.
São minhas duas magrelas
chamadas Blanche e Rose.
Os jardins que vejo da janela
são podados como nas casas de Newport.
Ao longe, no campo,
brota uma coisa amarela.

Foi mês passado ou ano passado
a ambulância zunia feito rabecão
e a sirene alarmava suicídio –
Dinn, dinn, dinn! –
um apito do meio-dia aferrado à vida
semáforos afora, respeitando indícios?

Cá estou eu de novo
mas a desordem é outra.
Perdi a manha dessas coisas!
A inocência dessas coisas!
Até o camarada de chapéu de chaminé
e suas piadas ácidas, o sorriso maníaco –
agora é um minúsculo e pálido borrão.
Cá estou eu de novo,
reiterando o compromisso, colada à parede

como um desentupidor de privada,
sou aquela prisioneira
que de tão miserável
se apaixonou pela prisão.

De pé nesta mesma janela
fico reclamando da sopa,
esquadrinhando o terreno,
consentindo a vida desperdiçada.
Logo vou levantar a cabeça, bandeira branca,
e quando Deus apontar no forte,
não vou me engasgar nem cuspir em seu dedo.
Comerei Deus como a uma flor branca.
Será esta a tal manhã tétrica, definhar,
o crânio que aguarda sua dose
de energia elétrica?

Isso é loucura
senão um tipo de fome.
De que servem minhas perguntas
nesta hierarquia da morte
em que terra e pedras não param de gemer
Dinn! Dinn! Dinn!
Tampouco é um banquete.
É meu estômago que me faz sofrer.

Rebelem-se, minhas fomes!
Deliberem pelo menos uma vez na vida.
Aqui os cérebros apodrecem
como bananas maduras.
Corações mais aplainados que pratos.
Anne, Anne,
arreie sua égua e fuja,
fuja deste hotel deprimente,
monte numa besta peluda,
galope lento, pressionando
as nádegas no garrote dela,

ache o prumo da andadura.
Mas vá
sobreviver é pouco!
Aqui as pessoas conversam com suas próprias bocas.
A loucura é justamente isso.
Quem eu mais amava morreu disso –
a tal doença do louco.

Pactuando com Anjos

Estava farta de ser mulher,
farta de colheres e panelas,
farta da minha boca e peitos,
farta de cosméticos e roupas de seda.
Todavia homens se sentavam à mesa,
ao redor da tigela que eu servia.
A tigela repleta de uvas roxas
e moscas sobrevoando pelo cheiro
e vinha até meu pai, com seu sangue azul.
Mas eu estava farta do gênero das coisas.

Ontem à noite tive um sonho
e disse ao sonho…
"Você é a solução.
Vai sobreviver ao meu marido e ao meu pai."
No sonho havia uma cidade feita de correntes
e Joana D'arc era executada com roupas de homem
e a natureza dos anjos parecia inexplicável,
não havia dois anjos da mesma espécie,
um tinha nariz, outro, uma orelha na mão,
um mastigava uma estrela e gravava sua órbita,
cada qual parecia um poema acatando a si mesmo,
desempenhando as funções de Deus,
um povo à parte.

"Você é a solução",
eu disse, e entrei
e me deitei nos portões da cidade.
Aí as correntes se ataram em volta de mim
e perdi meu gênero e meu aspecto definitivo.

Adão estava à minha esquerda
e Eva, à minha direita,
minuciosamente incongruentes com o mundo da razão.

Nós três balançamos os braços
e caminhamos sob o sol.
Eu não era mais mulher,
nem uma coisa nem outra.

Ó, filha de Jerusalém,
o rei me levou aos seus aposentos.
Eu sou negra e sou bonita.
Fui descerrada e despida.
Não tenho braços nem pernas.
Tenho uma só pele, feito peixe.
Eu não sou mais mulher
do que Cristo foi homem.

Canção de Amor

Fui
a garota do clube de correspondência,
a garota cheia de papo sobre caixões e fechaduras,
aquela das contas de telefone,
da foto amassada e das amizades perdidas,
aquela que não parava de dizer –
Atenção! Atenção!
Jamais! Jamais!
e coisas do tipo...

aquela
de olhos escondidos no casaco,
de olhões em azul-chumbo,
da veia saltada na curvatura do pescoço
que zumbia feito um diapasão,
dos ombros pelados feito prédio,
de pés estreitos e dedos finos,
um gancho antigo e vermelho na boca,
a boca que sangrava sem parar
e inundava os rincões sombrios de sua alma...

aquela
que vivia caindo de sono,
tão velha quanto uma pedra,
cada mão um pedaço de cimento,
por horas e horas
até que despertava
depois do orgasmo,
e aí já era tão macia quanto,
tão delicada quanto...

tão macia e delicada quanto
excesso de luz,
sem representar qualquer perigo,

feito pedinte que tem o que comer
ou um rato num telhado
sem alçapões,
sem ter nada mais honesto
que sua mão na dela –
ninguém mais, só você!
e coisas do tipo.
ninguém, só você!
Ah! Impossível traduzir
aquele mar,
aquela música,
aquele teatro,
aquele gramado com pôneis.

A Morte de Sylvia

Para Sylvia Plath

Ah, Sylvia, Sylvia,
cascalhos e colheres no caixão,

dois filhos, dois meteoros
perambulando na sala de recreação.

abocanhando o lençol,
a viga do teto, a prece muda.

(Sylvia, Sylvia,
onde você estava
depois que me escreveu
de Devonshire
falando de plantar batatas
e criar abelhas?)

o que esperava,
assim que se deitou?

Ladra! –
como foi que rastejou,

rastejou sozinha
para a morte há tanto desejada e minha,

a morte que combináramos superada,
carregada em nossos peitos magros,

aquela de que tanto falávamos sempre
que entornávamos três dry martinis em Boston,

a morte que expunha analistas e recuperações,
a morte que debatíamos feito noivas cúmplices,

a morte que tanto brindamos,
os motivos e depois o ato silencioso?

(Em Boston
quem agoniza
anda de táxi,
é, morte de novo,
aquela volta pra casa
com o *nosso* rapaz.)

Ah, Sylvia, me lembro do baterista sonolento
martelando nossa cabeça com papo furado,

do quanto desejávamos recebê-lo
qual sádico ou bicha de Nova York

para fazer a parte dele,
uma urgência, uma janela na parede ou um berço,

e desde então ele ainda espera
sob nosso coração, nosso armário da cozinha,

e agora entendo que lá o mantivemos
ano após ano, suicidas pretéritas

e com a notícia da sua morte,
provo o gosto terrível disso, parece sal.

(E eu,
eu também.
E agora, Sylvia,
você de novo
a morte de novo,
aquela volta pra casa
com o *nosso* rapaz.)

Só tenho uma coisa a dizer
com os braços abertos, mas petrificada,

sua morte é o que mais, além
de uma velha conhecida,

uma toupeira que caiu
de um de seus poemas?

(Ah, amiga,
enquanto a lua não vinga,
e o rei está morto,
e a rainha está perplexa
a bebum aqui tem que cantar!)

Ah, mãezinha,
canta também!
Ah, duquesa zombeteira!
Ah, meu loirão!

Páscoa Protestante
aos oito anos

Quando era um menininho
Jesus era bom o tempo inteiro.
Não à toa foi criado para ser o maioral
com facilidade para perdoar as pessoas.
Quando morreu, todo mundo era mau.
Depois ressuscitou quando ninguém prestava atenção.
Ou estava escondido ou então
subiu aos céus.
Talvez só escondido?
Talvez soubesse voar?

Ontem achei um açafrão roxo
brotando da neve.
Inteiramente sozinho.
Trilhando seu caminho.
Talvez Jesus só estivesse trilhando seu caminho
ao permitir que Deus o safasse da cruz
e talvez tenha sentido só medo passageiro
então se escondeu sob a pedreira.
Ele foi esperto ao dormir na cruz
embora sua mãe estivesse triste
e tivesse permitido que o prendessem na caverna.
Aos cinco anos, me sentei num túnel.
Aquele túnel, disse minha mãe,
desemboca num rio grande,
então nunca mais voltei lá.
Talvez Jesus conhecesse meu túnel
e se arrastara até o rio
para se lavar de tanto sangue.
Talvez quisesse só se limpar
e voltar mais uma vez?
Corta essa que ele virou fumaça

como o charuto do papai!
Ele não se apagou feito fósforo!

Excepcional
estar aqui na Páscoa
com a cruz que erigiram em T maiúsculo.
O teto é um barco a remo de ponta-cabeça.
Sempre conto suas costelas.
Talvez estivesse naufragando?
Ou talvez estejamos nós de ponta-cabeça?
Consigo ver o rosto de um rato
no vidro manchado da janela.
E não é que parece um rato!
Achava que o Coelho da Páscoa era especial
e saía atrás dos ovos.
Eu tinha sete anos.
Hoje sou adulta. Sei que é Jesus.
Só preciso deixá-Lo de pé.
E tem que ser agora.

Que somos nós afinal?
Somos parte de quê?
Somos *nós*?
Acho que ele ressuscitou
mas não tenho certeza
e eles não dizem nada
quando entoam *Aleluia*
num tom eclesiástico.
Jesus esteve naquela cruz.
Em seguida pregaram suas mãos.
Depois, quer dizer, bem depois,
todo mundo estava de chapéu
então um pedregulho rolou
e aí quase todo mundo –
quem tem modos para sentar –
olhou para o teto.

Entoam *Aleluia*.
Sabem de nada.
Nem ligam se ele se escondia ou voava.
Bem, tanto faz como saiu da cruz.
Faz diferença aonde estava indo.
A mim só interessa que
estou usando luvas brancas.
Sempre tive modos para sentar,
sempre olho para o teto.
Mas de Jesus
ninguém podia dizer o mesmo,
ninguém tinha certeza de nada,
por isso viraram protestantes.
Que são as pessoas que cantam
quando não têm certeza
de nada.

Menstruação aos Quarenta

Eu queria ter um filho.
O útero não é um relógio
nem badala feito sino,
mas agora com onze meses de vida
vivo o novembro
do corpo assim como o do calendário.
Daqui a dois dias faço aniversário
e como sempre a terra perfaz sua colheita.
Desta vez, rastreio a morte,
à noite me curvo,
e desejo a noite.
Pois bem –
vou abrir o jogo!
Esteve no útero desde sempre.

Eu queria ter um filho...
Você! O que nunca veio à luz,
o nunca semeado ou vingado,
de quem eu temia os genitais,
o assombro e a respiração do filhote.
Terá meus olhos ou os dele?
Se chamará David ou Susan?
(Dois nomes que ouvi e soam bem.)
Poderia ser como seus progenitores –
as pernas musculosas de Michelangelo,
as mãos da Iugoslávia,
algo entre camponês, eslavo e eterno,
também sobrevivente, cheio de vida –
e, se não for pedir muito,
poderia ter os olhos da Susan?

Tanta coisa sem você –
dois dias perdidos em sangue.
Eu mesma morrerei sem batismo,

da terceira filha ninguém faz questão.
Minha morte chegará no dia do meu santo.
O que há de errado com o dia de santo?
É só um anjo de nascimento.
Mulher,
tecendo uma teia em si mesma,
fiapo de veneno, emaranhado.
Escorpião,
aranha má –
morra!

Minha morte saindo pelos pulsos,
duas etiquetas,
o sangue como ramalhetes
para florescer
um à esquerda e outro à direita –
é um cômodo quente
o ambiente do sangue.
Deixa as portas escancaradas!

Dois dias para sua morte
e dois dias para a minha.

Amor! Essa doença vermelha –
ano após ano, David, você me fez selvagem!
David! Susan! David! David!
barriguda e desgrenhada, silvando noite afora,
sem nunca envelhecer,
sempre esperando você na varanda...
ano após ano,
meu bem, meu mal,
tive você antes de todas as mulheres,
chamo seu nome,
chamo você de meu.

Vontade de Morrer

Já que perguntou, em geral não consigo lembrar.
Chego vestida, sem impressões da tal jornada.
Aí a luxúria quase inominável regressa.

No entanto, nada tenho contra a vida.
Conheço bem as lamelas de grama de que falou,
os móveis que você colocou no sol.

Mas suicidas têm uma linguagem específica.
Feito marceneiros, querem saber *quais ferramentas*
Nunca questionam a *mão de obra*.

Duas vezes anunciei o que queria,
dominei o inimigo, comi o inimigo,
exerci seu ofício, sua magia.

Deste modo, densa e pensativa,
mais calorosa que óleo ou água,
relaxei, e comecei a babar.

Não imaginei meu corpo na ponta da agulha.
Até a córnea e os restos de urina deram no pé.
Suicidas traem o corpo de antemão.

Natimortos, nem sempre morrem,
fascinados, não esquecem uma droga tão doce
que até as crianças gostariam de experimentar.

Empurrar a vida pra debaixo da língua! –
coisa que, por si só, já se torna uma paixão.
A morte é um osso magoado; injuriado, dizem,

apesar disso, espera por mim, ano após ano,
para sarar com delicadeza uma ferida antiga,
para liberar meu sopro de sua prisão.

Nessa corda bamba, suicidas às vezes se reúnem,
estraçalham o fruto, uma lua total,
e deixam o pão confundido com um beijo,

deixam o livro aberto numa página à toa,
alguma coisa por dizer, o telefone fora do gancho
e o amor, fosse o que fosse, uma infecção.

Menininha, Minha Vagem, Minha Linda Mulher

Minha filha, aos onze
(quase doze), parece um jardim.

Tão querida! Veio ao mundo numa roupa linda
que lhe é própria e conhecida há tanto tempo,
agora você precisa ver o despontar da tarde –
o meio-dia, a hora fantasma.
Ah, molecota – essa aí sob um céu de mirtilo,
essa mesma! Como posso afirmar que sei
tudo que você sabe e por onde anda?

Nenhum lugar estranho, essa casa esquisita
onde seu rosto se acomoda na minha mão
repleto de distância,
repleto de febre instantânea.
O verão tomou conta de você,
e foi no mês passado em Amalfi, vi
limões do tamanho do seu globo de mesa –
aquele mapa-múndi em miniatura –
também me lembro de ver
as barraquinhas de cogumelo
e flores de alho empanturradas.
Me lembro até do pomar do vizinho,
as *berries* já maduras
e as maçãs começando a crescer.
Uma vez, em nosso quintalzinho,
lembro que plantei uns feijões bolinha
que não conseguimos comer.

Ah, menininha,
minha vagem,
por que tão espichada?
Cresceu do nada.
Nem dá pra comer.

Escuto
e parece um sonho
a conversa de duas senhoras
sobre *feminilidade*.
Lembro que fiquei em silêncio.
Estava sozinha.
Aguardei feito alvo.

Receba o despontar da tarde –
a hora dos fantasmas.
Uma velha crença romana dizia
que o meio-dia era a hora fantasma,
e eu também creio nisso,
sob aquele sol espantoso,
e um dia eles virão ao seu encontro
um dia, homens de peito nu, jovens romanos
ao meio-dia, a hora deles,
com escadas e martelos
e a casa inteira acordada.

Mas antes de entrarem
terei dito
mas que ossos belíssimos,
e diante de suas mãos exóticas
sempre houve este vulto de mão.

Ah, querida, receba seu corpo,
deixe que lhe caiba,
confortavelmente.
Linda, o que quero dizer
é que as mulheres nascem duas vezes.

Quisera eu ter visto você crescer
como faz toda mãe maravilhosa,
tivesse atentado para o meu barrigão maravilhoso,
teria visto o brotar do amadurecimento:

seu embrião,
a semente ganhando vida,
a vida festejando na cabeceira da cama,
ossos lacustres,
dedões e olhos misteriosos,
a cabeça demasiado humana,
o coração saltando feito cãozinho,
pulmões respeitáveis,
o vir a ser –
enquanto se torna!
é o que vejo agora,
um mundo cheio de vida,
um lugar gracioso.

Digo olá
para sacudidelas e batidinhas e piruetas,
para tanto som, tanto rompante,
músicas de ursinhos dançantes,
pro açúcar indispensável,
pra tanta coisa!

Ah, menininha,
minha vagem,
por que tão espichada?
Cresceu do nada.
Nem dá pra comer.

Linda, o que quero dizer
é que não há nada no seu corpo que minta.
Tudo que é novo fala a verdade.
Estou aqui, sou outra pessoa,
uma árvore velha logo atrás.

Querida,
seja a sentinela da sua porta,
segura de si, dura na queda, pedra noventa –

COMPAIXÃO

tão singular quanto o riso
você vai riscar fogo,
a grande novidade!

Bilhete de Suicídio

*Você fala em narcisismo, respondo que minha vida
é problema meu...* Artaud

*Nesta hora permita que eu deixe meus restos como legado
para minhas filhas e as filhas delas...* Anônimo

É melhor,
apesar dos vermes conversando
com o casco da égua nos campos;
melhor assim,
apesar da menstruação das garotas
esvaindo seu sangue;
melhor até
me jogar duma vez
num quarto abandonado.
Melhor (dizem)
nem ter nascido
e melhor ainda
não ter nascido duas vezes
aos treze anos
naquela pensão,
todo ano um quarto
pegava fogo.

Caro amigo,
terei que afundar com centenas de outros
num elevador de carga para o inferno.
Serei leve.
Chegarei à morte
como a lente perdida de alguém.
A vida é um tanto dilatada.
Hoje peixes e corujas estão ariscos.
A vida vai pra frente e pra trás.
Nem as vespas encontram meus olhos.

É,
olhos que já foram mais óbvios.
Olhos que já foram mais vivos,
olhos que contavam a história toda –
duas feras tolas.
Olhos agora furados,
cabecinhas de prego,
tiros azul-claros.

Noutros tempos
uma boca que parecia xícara,
cor de barro ou cor de sangue,
aberta feito quebra-mar
para o oceano ao léu
aberta feito laço
para a cabeça primeva.

Era uma vez
Jesus era minha ânsia.
Ah, minha fome! Minha fome!
Antes de envelhecer
ele caminhou até Jerusalém
em busca da morte.

Desta vez
seguramente
não peço compreensão
no entanto espero que as pessoas
virem a cabeça quando um peixe serelepe saltar
na superfície do Echo Lake;
quando o luar,
sua nota grave estrondar,
que ensurdeça um prédio em Boston,
enquanto boas almas dormem juntas.
É claro que penso nisso,
e pensaria ainda muito mais

se não estivesse… não estivesse
na velha fogueira.

Poderia admitir
que sou só uma covarde
cheia de *nhém nhém nhém*
esquecendo os mosquitinhos, mariposas,
forçados pela circunstância
a mamar nas lâmpadas.
Você sabe que todos contam com a morte,
sua própria morte,
à sua espera.
Então partirei agora
antes da velhice e da doença,
transtornada, mas precisa,
sabendo o melhor caminho,
levada pela égua de brinquedo em que montei até aqui,
sem perguntar "Aonde vamos?".
Nós estamos indo (quisera eu saber)
pra lá.

Caro amigo,
não vá pensar
que estou ouvindo guitarras
ou que vejo meu pai esticando o corpo.
Não espero ver nem a boca da minha mãe.
Sei que já morri outras vezes –
uma em novembro, outra em junho.
Que estranho escolher junho outra vez,
tão palpável com seus peitos e panças imaturos.
É claro que não se ouvirá guitarra alguma!
As cobras certamente não vão notar.

New York não vai dar a mínima.
À noite morcegos farfalharão árvores,
cientes de tudo,
assistindo ao que pressentiram ao longo do dia.

Pena da Filha

Cega de amor, minha filha
chorava toda noite pelos cavalos,
marchadores pescoçudos e bravios
que ela dominava, um a um,
imperiosa como dona de circo –
músculos eriçados e pescoço empinado;
neste verão dedica-se a um pônei e a um potro.
Ela, que é cheia de frescura até para tirar
um espinho da pata do cachorro,
viu seu pônei rebentar em garrotilho,
o maxilar inferior inchando
e virando uva gigante.
Mordendo os dentes com amor,
ela drenou o furúnculo e lavou
com água oxigenada até o pus
escorrer como leite no chão do celeiro.

Cega de frustração o inverno inteiro,
de macacão, casaco de esqui e capacete,
ela frequenta o estábulo do vizinho,
nossa terra não é demarcada para celeiros;
os vizinhos têm cavalos de fogo
e um puro-sangue empertigado
que ela traz nas rédeas e bajula,
crente que vai se incendiar como fornalha
sob o assento inglês para quadrilzinhos.

Cega de dor, ela manca até em casa.
O puro-sangue pisou no seu pé.
Nele repousou feito um prédio
e por lá ficou até virarem um.
As marcas da ferradura entalharam
sua carne, as pontas dos dedos
desentranhadas como tiras de couro,

três unhas do pé enroladas feito conchas
e boiando em sangue na bota de montaria.

Cega de medo, ela se senta na privada,
o pé equilibrado em cima da pia,
o pai, água oxigenada nas mãos,
faz os ritos da purificação.
Ela morde uma toalha, respira fundo,
aspira e se verga para afastar a dor,
seus olhos na minha direção e
eu de pé na porta, olhos pregados
no teto, os olhos de uma estranha,
então ela cai no choro...
Ai meu Deus, socorro!
Outra criança berraria *Mamãe!*
Outra criança confiaria em *Mamãe!*
mas ela mordeu a toalha e clamou a Deus
e eu vi sua vida em perspectiva...
a vi rebentar na hora do parto
e a vi, naquele momento,
na hora de sua morte, e eu sabia
que ela sabia disso.

A Viciada

Dorminhoca,
pé na cova,
toda noite cápsulas na palma da mão,
oito por vez de frasquinhos farmacêuticos
faço combinações para uma viagem à toa.
Sou rainha dessa condição.
Sou especialista nesse tipo de viagem
e agora dizem que estou viciada.
E ainda perguntam o porquê.
Por quê!

Esqueceram
que prometi morrer!
Estou praticando.
Só para me manter em forma.
As pílulas são mãe pra mim, mas melhores,
coloridas, tão saborosas quanto bala de tamarindo.
Estou fazendo a dieta da morte.

É, confesso
que virou um tipo de hábito –
engulo oito por vez, murro no olho,
rebocada pelos boa-noites rosa, laranja,
também os verdes e os brancos.
Estou virando uma espécie de composto
químico.
É isso!

Meu estoque
de comprimidos
tem que durar anos e anos.
Gosto mais deles do que de mim.
Teimosos à beça, não deixam barato.
É uma espécie de casamento.

É uma espécie de guerra
em que planto bombas
dentro de mim.

Sim
eu tento
me matar aos poucos,
um afazer inofensivo.
De fato, estou presa a isso.
Mas lembre-se de que não faço alarde.
E, bem, ninguém precisa me carregar,
tampouco fico imóvel no lençol embolado.
Sou o girassolzinho da minha camisola amarela
que come oito pães seguidos
e segue uma certa ordem
como a posição das mãos
ou o sacramento negro.

É uma cerimônia
mas assim como nos esportes
é cheia de regras.
Parece uma partida de tênis com música
mas quem pega a bola é a minha boca.
Então me deito em meu altar
e ascendo pelos oito beijos químicos.

Mas pileque bom é esse de
dois boa-noites rosa, dois laranja,
dois verdes e dois brancos.
Fa-fi-fo-fum –
Agora sim, tô lascada.
Agora sim, dormente.

Aleijões e Outras Histórias

Médico meu, comediante
que já fiz rir à beça
eu telefonava pra você
e lia rimas como essas...

> *Toda vez que dou palestra*
> *ou ganho uma bolsa expressiva*
> *você me manda pro internato*
> *vestindo calças esportivas.*

Maldito seja, médico-pai.
Há trinta e seis anos sou humana.
Vejo ratos mortos no banheiro.
Sou mais uma doidivanas.

Enojada, mamãe me sentou
no penico. Era boa de serviço.
Meu pai era gordo de uísque.
Vazava por tudo que é orifício.

Ó, enemas da infância,
nhaca de tambor da Índia e *casinha*
mas você me embala nos braços
e sussurra uma gracinha.

Ou me pega pela mão
e o amor tenta improvisar.
E essa mão é a do braço
que tentaram amputar.

Embora tivesse quase sete
era uma pirralha medonha.
Joguei no balde do esfregão.
Ficou lindo como pamonha.

Súbito virou um aleijão
do meu ombro até o dedo.
A lavadeira chorosa desmaiou.
Minha mãe ficou com medo.

Eu sabia que era aleijada,
dúvidas nunca tive não.
Meu pai pegou o pé de cabra
e matou o esfregão.

Os cirurgiões ficaram sem voz.
Porque não sabiam responder –
Se o aleijão que morava em mim
era um aleijão que dava pra ver?

Meu pai era perfeito,
rico, limpinho e roliço.
Minha mãe era uma joia.
Era boa de serviço.

Você me embala nos braços.
Como pode ser tão terno!
Criança-mulher que sou,
pra você nada é eterno.

Já o braço
cresceu, para o bem e para o mal.
Pra mamãe o bracinho mirrado
me valeria a coluna social.

Por anos falou do cotoco.
Entoava-o feito cântico.
Tinha adoração pelo murchinho,
meu mirradinho romântico.

As células de papai tilintavam toda noite,
intencionavam o dinheiro de papel.

Quanto às minhas, só ruminavam
rainhazinhas, o mel.

Ruminavam carros e cigarros,
também os meninos astutos.
Mamãe butucava minha vida.
Papai fumava charutos.

Minhas bochechas pariram larvas.
Passei um blush primeiro.
Depois as catei feito pérola.
E fiz cachinhos no cabelo.

Meu pai sabia nada de mim
você beija meus tormentos.
Minha mãe sabia até demais
Deixei-a ao sabor do vento.

Essas são duas histórias
tenho muitas no caderno
da casinha, da estufa,
você aflorou meu inferno.

Pai, tenho trinta e seis anos,
seu berço ainda é minha cela.
Ó eu lá nascendo de novo, Adão,
basta me cutucar com a costela.

Viver

Viver ou morrer, mas sem deixar ruínas...

Bem, a morte vive aqui
faz tempo –
tremendamente
relacionada ao inferno
e à desconfiança do olho
e aos objetos religiosos
e ao modo como os lamentei
quando se tornaram obscenos
pela garatuja do meu coração de anão.
O ingrediente principal
é a mutilação.
E a lama, dia após dia,
lama como ritual,
e o bebê na travessa,
cozido e ainda humano,
cozido ainda com larvinhas,
talvez costuradas a ele pela mãe de alguém,
aquela vaca!

No entanto
segui em frente,
típica afirmação humana,
me arrastando como se
meu corpo fosse um cotoco
no porta-malas, um baú de viagem.
Tudo isso virou um perjúrio da alma.
Virou mentira deslavada
e embora eu vestisse esse corpo
ele permanecia nu, e morto.
Foi capturado
na hora em que nasci,
como um peixe.

Mas entrei na brincadeira, o vesti,
eu o vesti como a boneca de alguém.

A vida pra você é brincadeira?
E toda hora você quer acabar com ela?
E, mais, todo mundo está gritando
pra você calar a boca. E adivinha!
As pessoas não gostam de ouvir
que você está doente
e depois serem forçadas
a ver
você
chutar o balde.

Hoje a vida estala em mim feito ovo
e lá dentro
depois de cavar muito
achei a resposta.
Que pechincha!
Lá estava o sol,
a gema se movia em chamas,
fazia acrobacias com seu prêmio –
e perceba que ele faz isso todo dia!
Eu sabia que o sol purificava
mas nunca achei
que era vigoroso,
nunca soube que ele era a saída.
Deus! É um sonho,
amantes brotando no quintal
feito aipo,
melhor ainda,
um marido ereto como sequoia,
duas filhas, dois ouriços,
colhendo rosas nos meus pelos.
Quando pego fogo eles dançam
e assam marshmallows.
E quando viro gelo

eles patinam sobre mim
com roupinhas de balé.

Aqui
esse tempo todo
me viam como assassina
e me ungiam todo dia
com meus próprios veneninhos.
Não, não.
Sou imperatriz.
Eu uso avental.
Minha máquina escreve.
Não quebrou como previam.
Apesar de louca, sou legal
feito barra de chocolate.
Até mesmo as bruxas acrobáticas
confiam na minha cidade misteriosa,
na minha cama corruptível.

Ah, meus três amores,
dou uma resposta meiga.
A bruxa aparece
e vocês a pintam de rosa.
Chego com beijos no capuz
e o sol, espertalhão,
se aconchega em mim.
Então respondo *Viver*
e rodopio minha sombra três vezes
para alimentar nossas crias e lá vêm eles,
os oito dálmatas que não afogamos,
apesar dos avisos: Aborto! Ruína!

Apesar dos baldes de água à espreita
para afogá-los, submergi-los feito pedras,
lá vêm eles, primeiro as cabeças,
borbulhando em azul-catarata,
depois as tetinhas, estabanados.

COMPAIXÃO

Semana passada, oito dálmatas,
trezentos gramas, feito madeira empilhada
cada um
parecia
uma bétula.
Prometo ser mais amável se voltarem,
pois apesar da crueldade
e dos vagões entupidos rumo aos fornos
não sou o que esperava ser. Uma Eichmann.
Não herdei o veneno.
Então não vou curtir meu turno no hospital,
reencenando A Missa Negra e por aí vai.
Respondo *Viver, Viver* e devo isso ao sol,
ao sonho, à dádiva.

de **POEMAS DE AMOR**

[LOVE POEMS, 1969]

Inquérito do Homem de Muitos Amores

Quem é ela,
essa aí nos seus braços?

Foi para ela que carreguei meus ossos
e concebi uma casa que era um berço
e concebi uma vida que durou uma hora
e concebi um castelo onde ninguém vive
e concebi, enfim, uma canção
para acompanhar a cerimônia.

Por que a trouxe aqui?
Por que vem bater na minha porta
com essas historinhas e canções?

Me uni a ela como um homem se une
a uma mulher, mas não havia espaço
para festividades e formalidades
e essas coisas tão caras a uma mulher
e, veja você, vivemos num clima frio
e não é permitido beijar na rua
então fiz uma canção falsa.
Fiz uma canção chamada *Casamento*.

Você me procura no extraconjugal,
me deixa em maus lençóis
e ainda me pede ponderação?

Nunca. Jamais. Ela nem é minha esposa.
É minha bruxa, meu garfo, minha égua,
a mãe de minhas lágrimas, base do meu inferno,
o selo das minhas mágoas, e das minhas feridas
também as crianças que ela pode parir
também um lugar privado, um saco de ossos

que, a bem da verdade, eu compraria se pudesse,
com quem me casaria, se pudesse me casar.

Eu deveria atormentar você com isso?
Todo homem tem um destino breve e próprio
e o seu é o do apaixonado.

Vivo atormentado. Não temos aonde ir.
O berço que dividimos é quase uma prisão
e lá não posso dizer girassolzinho, meu sabiá,
benzinho, docinho, meu cetim, camafeu,
namorada, morenaça, engraçadinha e essas
coisas sem sentido que dizemos na cama.
Dizer que me deitei com ela não basta.
Não só fui pra cama com ela.
Eu a amarrei e dei um nó.

Então por que anda com as mãos
no bolso? Por que anda arrastando
os pés como um colegial?

Ao longo dos anos só dei esse nó em sonho.
Atravessava uma porta nos meus sonhos
e lá estava ela com o avental da minha mãe.
Uma vez rastejou e saiu por uma janela em formato
de fechadura e vestia o suéter em veludo cotelê
rosa da minha filha e toda vez eu dava um nó
nessas mulheres. Aí apareceu uma rainha. Dei um nó.
Amarrei mesmo, não posso negar,
e então a fiz jejuar.
Cantei pra ela. Peguei no colo.
Fiz dela uma canção.
Não havia outro apartamento pra isso.
Não havia outro quarto pra isso.
Só havia o nó. Um nó de cama.
E aí pus as mãos em cima dela

e peguei seus olhos e sua boca
pra mim, também a língua.

Por que me pede para decidir?
Não sou juíza nem psicóloga.
Esse nó de cama é todo seu.

Ainda assim vivo dias e noites seguras
com crianças e varandas e uma boa esposa.
Por isso dei esses outros nós,
embora prefira não pensar neles
quando falo dela pra você. Não agora.
Se ela fosse um quarto para alugar eu pagaria.
Se ela fosse uma vida a ser salva eu a salvaria.
Talvez eu seja um homem de muitos amores.

Um homem de muitos amores?
Então por que está tremendo na minha porta?
Um homem de muitos amores não precisa de mim.

Estou afundado na tinta da essência dela.
Permiti que você me pegasse no flagra,
que flagrasse minhas intempéries na intempestividade
da minha égua, minha pomba, meu corpo imaculado.
Alguém dirá que estou perdendo as estribeiras
mas é a primeira vez que tomo as rédeas,
primeira e única, agora, de pileque.
O amor por ela está na canção.
Eu a chamava *dama de vermelho.*
Eu a chamava *xodó cor-de-rosa,*
mas ela tinha dez cores
e era dez mulheres.
Não conseguia nomeá-la.

Eu sei quem é ela.
Você já deu nomes bastantes.

COMPAIXÃO

Talvez fosse melhor não ter verbalizado nada.
Quer saber, acho que não mereço esse beijo,
bêbado que nem gambá, chutando o balde
e determinado a amarrá-la para sempre.
Veja você que a canção é a vida,
a vida que não posso viver.
Deus, sem qualquer esforço,
transmite a monogamia feito gíria.
Mas, você sabe bem, não há lei para tal.

Homem de muitos amores, você é um otário;
Esse ano o trevo deu espinhos
e arrastou o gado do pomar
e as pedras do rio
sugaram os olhos dos homens,
estação após estação,
e todas as camas foram condenadas,
não foi pela moralidade nem pela lei,
mas pelo tempo.

Uma Festa para o Meu Útero

Cada uma em mim é pássaro.
Então bato todas as minhas asas.
Queriam arrancar você de mim
mas não o farão.
Disseram que estava oco até não poder mais
mas não está.
Disseram que estava à beira da morte
mas estavam equivocados.
Você canta feito uma colegial.
Você não está dilacerado.

Caro peso,
para celebrar a mulher que sou
e a alma da mulher que sou
e o protagonista disso tudo e sua alegria
eu canto para você. Me atrevo a viver.
Olá, fantasma. Olá, birita.
Segura, protege. Protege o que contém.
Olá, solo de todos os campos.
Bem-vindas, raízes.

Toda célula tem vida.
Tenho o bastante para satisfazer uma nação.
Basta que os povos tenham esses bens.
Qualquer pessoa, qualquer Estado diria:
"O bom é que esse ano voltaremos a plantar
e a antever a colheita.
Previmos a praga e ela foi exterminada".
Muitas mulheres cantam juntas neste momento:
uma está numa fábrica de sapatos xingando a máquina,
uma está no antiquário tomando conta de uma foca,
uma está entediada ao volante de seu Ford,
uma está cobrando o pedágio,
uma está amarrando um bezerro no Arizona,

uma está enganchada num violoncelo na Rússia,
uma está mudando as panelas de lugar no Egito,
uma está pintando o quarto com a cor da lua,
uma está morrendo e relembra um café da manhã,
uma está se alongando num tapete na Tailândia,
uma está limpando a bunda do filho,
uma está olhando pela janela de um trem
no meio do Wyoming, e uma está
num lugar qualquer, e outras por toda parte
parecem estar cantando, embora algumas não
consigam cantar uma só nota.

Caro peso,
para festejar a mulher que sou
deixe-me carregar um lenço de três metros,
deixe-me batucar para as moças de dezenove anos,
deixe-me carregar tigelas para a oferenda
(se é este meu papel).
Deixe-me estudar o tecido cardiovascular,
deixe-me analisar a distância angular dos meteoros,
deixe-me chupar os caules das flores
(se é este meu papel).
Deixe-me virar certas figuras tribais
(se é este meu papel).
Para tanto o corpo precisa
que me deixe cantar
o jantar,
o beijo,
o apropriado
sim.

Ao Meu Amante Que Volta para Sua Esposa

Ela é lúcida.
Totalmente rendida a você
e arrastada de sua infância,
arrastada da sua centena de caipiras favoritas.

Ela é presença constante, meu bem.
Ela é, sem dúvida, belíssima.
Fogos na pasmaceira de fevereiro
e factual como panela de ferro fundido.

Aceitemos, fui coisa passageira.
Um luxo. Saveiro vermelho cintilando no porto.
Meu cabelo subindo como fumaça pela janela do carro.
Mexilhõezinhos fora de época.

Ela é tão mais que isso. Ela é sua abastança,
elevou em você a prática e a elevação tropical.
Ela não é um ensaio. Ela é sua harmonia.
Ela cuida dos remos e forquilhas da balsa,

enfeitou a janela com flores silvestres para o café da manhã,
ao meio-dia sentou-se ao lado da roda na olaria,
pariu três crianças sob a lua,
três querubins desenhados por Michelangelo,

fez isso com as pernas abertas
em meses horrendos dentro da capela.
Se você olhar pra cima, verá as crianças,
parecem três balões delicados pousados no teto.

Ela também carregava cada uma pelo corredor
depois do jantar, as cabeças escondidas,
as pernas esperneando, cara a cara,
os rostos delas corados pela cantiga e a soneca.

Devolvo seu coração.
Aqui está sua permissão –

para o pavio que a habita, pulsando
ferozmente na sujeira, para a megera habitada
e o enterro de sua ferida –
para que enterre viva a feridinha vermelha dela –

para a chama suave e tremeluzente sob as costelas,
para o marinheiro bêbado que repousa no pulso esquerdo,
para o joelho da mãe dela, para as meias,
para a cinta-liga, para o chamado –

o chamado curioso
que o fará se esconder em braços e peitos
e arrancar a fita laranja do cabelo dela
atendendo ao chamado, o chamado curioso.

Ela está toda nua e a si pertence.
Ela é a soma de você com o seu sonho.
Escale-a como a um monumento, pé ante pé.
Ela é sólida.

Já eu sou aquarela.
Eu canto pra subir.

É Tarde de Primavera

Tudo aqui é verde e amarelo.
Atenção à garganta, à pele da terra,
às vozes esturricadas das pimenteiras
ao pulsarem como reclames.
Os animaizinhos da floresta
carregam suas máscaras mortuárias
para cavernas estreitas de inverno.
O espantalho desencravou
seus dois olhos feito diamantes
e caminhou até o vilarejo.
O general e o carteiro
abandonaram as bolsas.
Tudo isso já aconteceu antes
mas nada é antiquado.
Aqui tudo é possível.

Graças a isso
talvez uma menina tenha tirado
as roupas de inverno e casualmente
subido num galho de árvore
que sobrevoa uma piscina de rio.
Dependurada no galho
e logo acima das casas dos peixes
que agora entrecruzam a nado seu reflexo
e sobem e descem os degraus de suas pernas.
O corpo dela arrasta nuvens a caminho de casa.
Ela subestima seu rosto molhado
nesse mesmo rio onde os cegos
se banham ao meio-dia.

Graças a isso
o chão, aquele pesadelo invernal,
curou suas feridas e rebentou
em verdes pássaros e vitaminas.

Graças a isso
as árvores se debatem nos fossos
e erguem copinhos para a chuva
com seus dedos esbeltos.
Graças a isso
uma mulher está à beira do fogão
cantando e fervendo flores.
Tudo aqui é verde e amarelo.

Decerto a primavera autorizará
a garota que não sabe costurar
a inclinar-se suavemente à luz do sol
sem temer sua própria cama.
Ela inclusive já contou sete
brotos no espelho verde-mata.
Dois rios confluem sob ela.
O rosto de criança se enruga
na água e desaparece para sempre.
A mulher é tudo que pode ser visto
em seu encanto animal.
Sua estimada e obstinada pele
jaz profundamente sob a árvore de água.
Tudo é plenamente possível
e os cegos também podem ver.

Só uma Vez

Só uma vez entendi a serventia da vida.
De supetão, em Boston, compreendi;
caminhando pelo Charles River,
observava as luzes se arremedando,
todas em néon, estroboscópicas, abrindo
e escancarando a boca feito cantoras de ópera;
contei estrelas, minhas madrinhas, cicatrizes
dos espinhos, e me vi acompanhando meu amor
sob o manto verde da noite e entreguei
meu coração para carros rumo ao Leste e entreguei
meu coração para carros rumo ao Oeste e conduzi
minha exatidão por uma pontezinha acidentada
e enxotei minha exatidão, e o charme de que se gaba,
pra casa, e moqueei essas reservas para de manhã
descobrir que elas acabam.

Todo Mundo Conhece a História da Outra

Tem um quê de Walden.
Ela disfarça o bafo matinal
enquanto o corpo dele levanta voo,
voa retilíneo como flecha.
Mas é uma tradução ruim.
A luz do dia é amiga de ninguém.
Deus chega como um senhorio
e acende sua lâmpada de bronze.
Aí ela fica só tolerável.
Ele começa a esticar os ossos
e atrasa o relógio em uma hora.
Ela reconhece a carne, balão de pele,
os membros soltos, o piso,
o teto, o teto retrátil.
Ela é escolha dele, meio período.
Você também conhece essa história! O arranjo:
quando acaba ele a põe em seu lugar,
como um telefone no gancho.

Balada da Masturbadora Solitária

Fim de caso e a eterna desolação.
Ela é meu ateliê. Olho de granizo
extrapolado de mim, a respiração
concebe o fim. Aterrorizo
quem faz juízo. Eu, nutrida dama.
À noite, sozinha, caso com a cama.

Dedo por dedo, é minha camarada.
Sempre por perto. É meu compromisso.
Badalo feito sino. Dou uma encostada
na pérgola onde você fazia o serviço.
Virei empréstimo da colcha de rama.
À noite, sozinha, caso com a cama.

Esta noite, por exemplo, meu bem,
em que cada casal se unifica numa
dobra reversa, em cima, embaixo, além
na abundância da esponja e da pluma,
ajoelham, empurram, drama com drama.
Só à noite caso com a cama.

É assim que saio de mim,
milagre enervante. Será que tento
montar a feira do desejo enfim?
Estou esparramada. Eu atormento.
Minha ameixinha, você me chama.
À noite, sozinha, caso com a cama.

Surge então a rival de olhos de feijão.
Emerge das águas, rainha e argonauta,
piano na ponta dos dedos, humilhação
nos lábios e um fraseado de flauta.
Já eu, só uma cambeta de pijama.
À noite, sozinha, caso com a cama.

Você resistível – mas ela determinada –
arrancado feito vestido barato do guarda-roupa
e eu que me lasque feito pedra lascada.
Devolvo seus livros, a linha de pescar garoupa.
Você se casou, é o que o jornal diário clama.
À noite, sozinha, caso com a cama.

Garotos e garotas nesta noite se fazem jus.
Desabotoam a blusa. Abrem a braguilha.
Agora tiram o sapato. E apagam a luz.
Uma só criatura, farsante, que brilha.
Eles se comem. Ninguém reclama.
À noite, sozinha, caso com a cama.

Nós

Eu estava coberta
de pele preta e pele branca e
você me descobriu e depois
me pôs sob a luz dourada
e me coroou,
e a neve caía do lado de fora
da porta em dardos diagonais.
Enquanto a neve de dez polegadas
caía do céu feito estrelas
em pequenos fragmentos de cálcio,
habitávamos nossos corpos
(aquele quarto vai nos enterrar)
e você habitava meu corpo
(aquele quarto vai nos enterrar)
e no começo eu enxugava
seus pés com uma toalha
porque era sua escrava
e aí você me chamou de princesa.
Princesa!

Aí então
me ergui sob a pele dourada
e questionei os salmos
e questionei as roupas
e você soltou as rédeas
e você abriu os botões,
aros, desfez confusões,
os postais de New England,
às dez da noite em janeiro,
e nos erguemos feito trigo,
acre por acre em dourado,
e nós fizemos a colheita,
nós fizemos a colheita.

Mr. Meu

Olha ele contando as veias azuis
no meu peito. Além delas, dez sardas.
Agora ele vira à esquerda. E à direita.
Está erguendo uma cidade, uma cidade de carne.
Ele é um industrial. Passou fome nos porões
e, senhoras e senhores, foi abatido pelo ferro,
pelo sangue, pelo metal, pelo ferrete
triunfante da morte de sua mãe. Mas ele recomeça.
Agora ele constrói a mim. É consumido pela cidade.
Da glória das tábuas me ergueu.
Da maravilha do concreto me moldou.
E me deu seiscentas placas de rua.
Enquanto eu dançava, fez um museu.
Dez quarteirões enquanto eu rolava na cama.
Construiu um viaduto quando fui embora.
Dei-lhe flores e ele fez um aeroporto.
Para os semáforos, ofertou pirulitos verdes
e vermelhos. Mas no coração ouço: devagar, crianças.

Canção para uma Mulher

Num dia de seios e quadrilzinhos
a janela cravejada de chuva vilã,
a chuva ardilosa parecia ministra,
nós transamos, tão insanas e sãs.
Deitadas, duas colheres, e a chuva sinistra
caía feito mosca em nossos labiozinhos
em nossos olhos felizes e quadrilzinhos.

"O quarto esfriou com a chuva", disse então
você, seu feminino, com seu fruto,
fez novenas aos meus tornozelos e cotovelos.
Você é uma autoridade, o produto interno bruto.
Ó, meu cisne, minha serva, minha rosa de novelo,
até um tabelião tabeliaria nosso colchão
e você me amassa e eu cresço feito pão.

Outro Dia

É nesta escrivaninha que me sento
e é nesta escrivaninha que sei te amar demais
e é nesta máquina de escrever que está em frente a mim
que ontem somente o seu corpo estava em frente a mim
com os ombros encolhidos como num coro grego,
a língua ditando regras como um rei em exercício,
a língua pra fora como um gato lambendo leite,
a língua – nós espiralados na vida que escorrega do corpo.
Foi ontem, outro dia.

Foi o dia da sua língua,
a língua que saía pelos seus lábios,
dois abridores, meio fera, meio pássaro
pendurados na porta do seu coração.
Foi o dia em que segui as regras do rei,
perpassando suas veias vermelhas e azuis,
minhas mãos descem pela espinha, rápidas feito poste de
    [bombeiro,
mãos entre as pernas onde você expõe sua verdade interior,
onde minas de diamantes estão enterradas e se apresentam ao
    [enterro,
e se revelam mais inesperadas do que uma cidade reconstruída.
E fica pronto em segundos, que monumento.
O sangue corre no subsolo, mas concebe uma torre.
A multidão deveria prestigiar um edifício desses.
Por um milagre, alguém faz fila e joga confete.
É claro que o *The Press* está sempre em busca de manchetes.
É claro que alguém vai segurar uma faixa na calçada.
Quando uma ponte é construída o prefeito não corta uma fita?
Quando um fenômeno acontece, os Três Reis Magos não
    [trazem presentes?
Ontem foi o dia em que eu trouxe presentes para sua presença

e vim caminhando desde o vale só para encontrar você na
   [calçada.
Foi ontem, outro dia.

Foi o dia do seu rosto,
seu rosto depois do sexo, colado ao travesseiro, uma canção de
   [ninar.
Quase adormecido ao meu lado encorajando a pausa da velha
   [cadeira de balanço,
nossa respiração virou uma só, feito crianças respirando juntas,
enquanto meus dedos rabiscavam ozinhos nos seus olhos
   [fechados,
enquanto meus dedos rabiscavam sorrisinhos na sua boca,
enquanto eu rabiscava TE AMO no seu peito e ele batia
e eu sussurrava "Acorda" e você dormindo murmurava:
"Xiu. Estamos indo pra Cape Cod. Estamos a caminho da
   [Bourne
Bridge. Estamos dando a volta no Bourne Circle". Fronteira!
Assim conheci você sonhando e torci para que chegasse a hora
em que eu seria escavada e você criaria raízes em mim
e pudesse conceber seu nascimento, cuidar
de você, ou do seu fantasma, na minha casinha.
Ontem eu não quis me apropriar de nada
mas veja esta máquina de escrever em frente a mim
porque o amor existe onde o ontem está.

Canção do Joelho

Ganhar um beijo nas costas
do joelho é uma borboleta
na tela da janela e
sim meu bem na ampulheta
do fatômetro um pulso indica
a Sininho e sua tosse ranheta
e outra vez vou desistir da minha
honra e as estrelas vão grudar
feito percevejo na noite
sim claro isso sim sim sim dois
caramujinhos nas costas
do joelho fazendo fogueiras
algo parecido com cílios
parecido com dois Zippos
riscando sim sim sim pequeninos
e eu a fabricante.

de **Dezoito Dias sem Você**

1º de dezembro

No beijo de despedida
você fez uma cara birrenta.
Agora a Luz Divina
brilha por toda a cidade.
A plantação de milho apodrece
no campo, podre e pardacenta.
A lagoa, no fim do ano,
baixa sua pálpebra cinzenta.
A Luz Divina
brilha por toda a cidade.

Um gelo verde-gato se espalha
na grama em frente à sala de estar.
As cicutas restam em
juventude terminal. Você não está.
Ontem à noite hibernei
nas cobertas, desperta até o raiar
do dia parecer crepuscular e o carvalho
rosnar feito dinheiro, aquele papa-jantar.
As cicutas restam em
juventude terminal. Você não está.

11 de dezembro

Pensar em você é o que eu faço,
sua língua meio chocolate, meio mar,
na sua vida de andarilho,
no seu cabelo de palha de aço,
nas suas mãos teimosas e, sendo dois,
corroíamos qualquer empecilho.

Em como se apossa do fungo-taça,
da salmoura e me une ao que é seu.
Estamos nus. Despidos até o pó
e nadamos colados no rio que passa
e refazemos o mesmo rio chamado Meu
e nos embrenhamos. Ninguém é só.

18 de dezembro

Vem, bumerangue afobado!
Sou delicada. Estou sem chão.
Perder você foi um fardo,
mas cá estou. Ó, arfando. Com tesão.
Cabelo castanho, olhos cor de gramado.

Acaricia esse pacote, sr. Nó!
Sim? Que tal: você se apinha
sobre mim, gentil, mas sem dó?
Sou um papel deitado no armário da sua cozinha.
Então faz um peito em mim. Gosto de friso e filó.

Alô, anta! Diz que sim!
Faz um desenho de criança de mim. Bastam
dois olhos e um beijinho.
Um ozinho. E põe brincos, que dá um contraste.
Depois, ombros. E agora, intervalinho.

Sou sua doença. Vem me pegar.
Vai bem devagar ao longo do torso
com bocas e árvores e um colar
e ozinhos, *grafitinhos* e um *olazinho*
e aí eu te agarro, aperto, mordo, torço.

Me desenha direito, me alivia.
Investe nesse pulso ossudo e na tão
singular, sr. Nó, corneta da teimosia.

Querido, faz minha hora de flutuação
porque eu nasci para essa melodia.

Combinado! Atenção, meu acrobata
e eu seremos, ele, o prego, eu, a madeirinha
e para Jack Sprat faremos fornos de sucata
e você vai se lançar na minha prisãozinha
e nós jantaremos juntos e coisa e tal
será fatal.

de **TRANSFORMAÇÕES**

[TRANSFORMATIONS, 1971]

A Chave de Ouro

A narradora, neste caso,
é uma bruxa de meia-idade, eu –
emaranhada em meus grandes braços,
meu rosto num livro
e minha boca aberta,
pronta para contar uma ou duas histórias.
Vim para lembrar-lhes,
a vocês todos:
Alice, Samuel, Kurt, Eleanor,
Jane, Brian, Maryel,
aproximem-se.
Alice,
aos cinquenta e seis, ainda se lembra?
Lembra-se de quando liam
para você na infância?
Samuel,
aos vinte e dois você já se esqueceu?
Esqueceu-se dos sonhos das dez da noite
em que o rei malvado
virava fumaça?
Você está em coma?
Você está submerso?

Atenção,
meus caros,
deixem-me apresentar este garoto.
Tem dezesseis anos e quer respostas.
Ele é cada um de nós.
Isto é, vocês.
Isto é, eu.

Não basta ler Hesse
e tomar sopa de marisco,
precisamos de respostas.

O garoto achou uma chave de ouro
e está em busca da fechadura certa.
Ah, esse garoto!
Ao encontrar uma moeda,
procurava uma carteira.
Ah, esse garoto!
Ao encontrar uma corda,
procurava uma harpa.
Portanto segura a chave com força.
Seus segredos choramingam
feito cadela no cio.
Ele gira a chave.
Presto!
Ela abre esse livro de fábulas estranhas
que transforma os Irmãos Grimm.
Transforma?
Como se um clipe gigante de papel
pudesse virar uma escultura.
(E poderia.)

Branca de Neve e os Sete Anões

É indiferente a vida que se leve
a donzela é uma moça adorável:
bochechas frágeis de papel de cigarro,
braços e pernas feitas em Limoges,
lábios de vinho do Rhône,
gira os olhos de boneca de porcelana
abre e fecha.
Abertos para dizer:
Bom dia, Mamãe,
fechados ao ataque
do unicórnio.
Ela é imaculada.
Ela é tão branca quanto a ubarana.

Era uma vez uma virgem adorável
chamada Branca de Neve.
Digamos que tinha treze anos.
Sua madrasta,
de beleza incontestável,
embora carcomida, claro, pela idade,
nunca admitira beleza maior que a sua.
A beleza é uma paixão tola,
mas ó, amizades, no final
requebra-se na fogueira com sapatos de ferro.
A madrasta tinha um espelho e conversava com ele
– uma espécie de previsão do tempo –
um espelho que proclamava
a grande beleza do mundo.
Ela perguntava:
Espelho, espelho meu,
existe alguém mais bela do que eu?
E o espelho respondia:
Você é a mais bela de todas.
O orgulho bombeava em seu corpo feito veneno.

Um belo dia, de repente, o espelho respondeu:
Rainha, você é belíssima, sem dúvida,
mas Branca de Neve é mais bela que você.
Até então, Branca de Neve
não passava de uma bolota
de poeira embaixo da cama.
Então a rainha percebeu manchas em sua mão
e quatro pelos no seu buço
e condenou Branca de Neve
ao esquartejamento.
Traga o coração dela, disse ao caçador,
vou temperar e comer.
O caçador, por sua vez, libertou a prisioneira
e levou para o castelo um coração de javali.
A rainha o mastigou como se fosse um bife.
Agora sou a mais bela, disse ela,
lambendo os dedos finos e brancos.

Branca de Neve vagueou pela floresta
semanas a fio.
Em cada esquina havia vinte caminhos
e em cada um, um lobo faminto,
a língua pendendo feito um verme.
Os pássaros cantavam, sem-vergonha,
tagarelando feito papagaios cor-de-rosa,
e as cobras se dependuravam em espiral,
armadilhas para seu belo pescocinho branco.
Na sétima semana,
chegou à sétima montanha
e encontrou a casa dos anões.
Tão engraçada quanto um chalé de lua de mel
e muito bem equipada
com sete camas, sete cadeiras, sete garfos
e sete penicos.
Branca de Neve comeu sete fígados de galinha
e se deitou, enfim, para dormir.

Os anões, aqueles faroleiros,
deram três voltas em torno de Branca de Neve,
a donzela adormecida. Eles eram sensatos
e barbelas como pequenos czares.
Sim. É um bom presságio,
disseram, e vai nos trazer sorte.
Esperaram, na pontinha do pé,
até Branca de Neve acordar. Ela contou
do espelho e da rainha assassina
e eles pediram que ela ficasse para cuidar da casa.
Cuidado com essa madrasta,
disseram.
Logo ela descobre que você está aqui.
Enquanto estivermos nas minas
durante o dia, o melhor é você
não abrir a porta.

Espelho, espelho meu...
O espelho respondeu
e a rainha se vestiu de trapos
e disfarçada de mascate procurou Branca de Neve.
Ela atravessou as sete montanhas.
Chegou à casa dos anões
e Branca de Neve abriu a porta
e comprou um pedaço de fita.
A rainha deu um laço bem forte
em volta de seu corpete,
tão forte quanto uma atadura,
tão forte que Branca de Neve desmaiou.
Caiu no chão, margarida despetalada.
Quando os anões chegaram, desfizeram o laço
e ela, por milagre, ressuscitou.
Tão cheia de vida quanto um refrigerante.
Cuidado com essa madrasta,
disseram eles.
Ela vai tentar mais uma vez.

Espelho, espelho meu...
Mais uma vez o espelho respondeu
e mais uma vez a rainha se vestiu de trapos
e mais uma vez Branca de Neve abriu a porta.
Dessa vez comprou um pente envenenado,
um escorpião torto de vinte centímetros,
passou no cabelo e de novo desmaiou.
Os anões chegaram e tiraram o pente
e ela ressuscitou por um milagre.
Arregalou os olhos como a Pequena Órfã...
Cuidado, cuidado, disseram eles,
mas o espelho respondeu
e a rainha voltou,
Branca de Neve, uma pateta,
abriu a porta
e mordeu a maçã envenenada
e teve a queda derradeira.
Quando os anões voltaram
afrouxaram o corpete,
procuraram um pente,
mas não teve jeito.
Deram-lhe um banho de vinho
e a esfregaram com manteiga
mas de nada adiantou.
Estava imóvel feito moeda de ouro.

Os sete anões não conseguiram
enterrá-la sob o chão batido
então fizeram um caixão de vidro
e o puseram no topo da sétima montanha
para que todos os passantes
pudessem espiar sua beleza.
Num belo dia de junho,
apareceu um príncipe e por lá ficou.
Tanto tempo que seu cabelo esverdeou
e nem por isso ele foi embora.
Os anões ficaram com pena

e lhe deram a Branca de Neve envidraçada
– os olhos de boneca fechados para sempre –
para que a guardasse em seu castelo distante.
Enquanto os homens do príncipe carregavam o caixão
eles tropeçaram e o deixaram cair
e o pedaço da maçã desentalou
da garganta, e ela, por um milagre, acordou.

E assim Branca de Neve se casou com o príncipe.
A rainha malvada foi convidada para a festa de casamento
e quando chegou lá havia
sapatos de ferro em brasa,
à moda de patins incandescentes,
presos a seus pés.
Primeiro seus dedos vão fumegar
e em seguida os calcanhares vão escurecer
e você vai virar, feito sapo, uma fritura saltitante,
disseram a ela.
E assim ela dançou até morrer,
uma figura subterrânea,
a língua pra dentro e pra fora
como jatos de gás.
Já Branca de Neve virou o centro das atenções,
girando, abrindo e fechando os olhos de boneca
e vez ou outra conversa com o espelho
como fazem as mulheres.

Rapunzel

Uma mulher
que ama outra mulher
é jovem para sempre.
A professora
e a aluna
sustêm-se.
Inúmeras garotas
tiveram uma titia
que as trancafiava num quartinho
longe da vista dos garotos.
Elas jogavam *rummy*
ou se deitavam no sofá
e mão pra lá mão pra cá.
Peito velho sobre peito jovem...

Deixa teu vestido cair dos ombros,
acaricia essa réplica tua
pois estou à mercê da chuva,
pois abandonei os três Cristos de Ypsilanti,
pois renunciei aos cochilos de Ann Arbor
e as torres da igreja resumiram-se a cotocos.
O mar golpeia meu claustro
porque os jovens políticos agonizam
e morrem, então me abraça, pequena,
me abraça...

A rosa de ouro vai virar pó
e Nova York vai desabar
antes desta consumação, me abraça,
pequena, me abraça.
Enrosca meu cangote nesses braços lívidos.
Me deixa empunhar teu coração como flor
para que ao desabrochar não murche.
Oferta tua pele

transparente feito teia de aranha,
permite que a desembrulhe
e a ausculte e recolha a escuridão.
Oferta teus lábios inferiores
tão inchados e desenvoltos
e retribuirei em fogo angelical.
Somos duas nuvens
orvalhando uma garrafa de vidro.
Somos dois pássaros
banhando-se no mesmo espelho.
Uma vez alvos fáceis
que dispensaram a imundície.
Somos resistentes.
Somos as bambambãs.
Não puxa as cobertas,
vamos nos camuflar nesse verde
feito ervas daninhas na lagoa.
Me abraça, pequena, me abraça.

Elas se roçam em turnos corteses
cada uma de uma vez.
Elas dançam ao som do alaúde
de par em par.
Afáveis tal qual musgo brejeiro.
Elas brincam de "Mamãe Posso Ir"
o dia inteiro.
Uma mulher
que ama outra mulher
é jovem para sempre.

Era uma vez o jardim de uma bruxa,
mais bonito que o jardim de Eva –
cenouras borbulhavam feito peixinhos,
tomates abundavam como sapos,
cebolas arraigadas feito corações,
a abóbora rilhava como um golfinho
e havia um canteiro devotado ao mistério –

o rapôncio, tipo de tubérculo para saladas,
uma campânula mais forte que penicilina,
crescia folha por folha, casca por casca,
tão ávido e fluido quanto Isadora Duncan.
No entanto o jardim da bruxa vivia trancado
e dia após dia uma mulher grávida
desejava em fúria o rapôncio,
imaginando que morreria
se não pudesse comê-lo.
Seu marido prezava seu bem-estar
e pulou o muro
para catar os tubérculos vitais.

Te peguei, gritou a bruxa,
que se chamava Mamãe Gothel,
vou acabar com você, ladrãozinho.
No entanto fizeram um acordo,
muito comum naquela época.
Ele prometeu o bebê a Mamãe Gothel,
e claro que assim que nasceu
foi raptado por ela.
Então chamou-a Rapunzel,
mais um nome para o rapôncio vital.
Rapunzel era uma menina linda
e por isso virou o tesouro de Mamãe Gothel.
Enquanto crescia, Mamãe Gothel pensava:
Ninguém além de mim vai vê-la ou tocá-la.
Trancou Rapunzel numa torre sem porta
nem escada. Só uma janelinha alta.
Quando queria subir, a bruxa gritava:
Rapunzel, joga o cabelo, Rapunzel.
O cabelo mergulhava no chão feito arco-íris.
Era dourado como um dente-de-leão
e forte que nem coleira de cachorro.
Mão ante mão escalava
o cabelo feito marinheira
e quando chegava à saleta de pedra,

gélida feito museu,
Mamãe Gothel gritava:
Me abraça, pequena, me abraça,
e brincavam de "Mamãe Posso Ir".

Um belo dia apareceu um príncipe
e ouviu o canto solitário de Rapunzel.
O lamento desfolhou seu coração feito bem-me-quer
mas ele não encontrou meios de alcançá-la.
Feito camaleão, se escondeu na floresta
e espiou enquanto a bruxa escalava o cabelo.
No dia seguinte ele mesmo gritou:
Rapunzel, joga o cabelo, Rapunzel,
assim se conheceram e ele declarou seu amor.
Que bicho é esse, pensou ela,
de braços tão musculosos
como um saco de cobras?
Que musgo é esse nas pernas dele?
Que planta espinhosa é essa nas bochechas?
E essa voz esganiçada de cão?
Mas as respostas a deixaram encantada.
Mas sua vara bailarina a enfeitiçou.
Deitaram-se sobre as mechas douradas
e nadaram maravilhados
como peixinhos nas algas
e entoaram cânticos de Ação de Graças.

Todo dia ele trazia um novelo de seda
para coser uma escada de fuga para os dois.
Mas Mamãe Gothel descobriu a trama
e cortou curtinhos os cabelos de Rapunzel
e na floresta a obrigou a fazer penitência.
Quando o príncipe apareceu a bruxa enlaçou
o cabelo num gancho e arremessou.
Ao notar que Rapunzel havia sido despejada
ele se jogou da torre, um pedaço de carne.
Espinhos o cegaram e o perfuraram como tachinhas.

Tão cego quanto Édipo, andarilhou por anos
até ouvir o canto que desfolhara seu coração
como aquele longínquo bem-me-quer.
Quando o príncipe beijou Rapunzel, caiu no choro
e como que por efeito de uma simpatia
recuperou a visão num susto.

Conforme o previsto, viveram felizes,
a prova de que "Mamãe Posso Ir"
é coisa da idade,
tal qual comer peixe às sextas-feiras,
assim como andar de velotrol.
O mundo, dizem,
é feito de casais.
Toda rosa precisa de um caule.

Já Mamãe Gothel
viu seu coração virar farpa,
nunca voltou a dizer: me abraça, pequena,
me abraça,
e quando sonhava com o cabelo dourado
o luar cirandava em sua boca.

João de Ferro

Eis um lunático
por exemplo,
devoto de São Ávito, santo padroeiro,
um lunático trajando camisa de força
como se fosse um suéter sem mangas,
entoando um muzak para as paredes,
sorrateiro ele caminha de leste a oeste,
e então de oeste a leste
como um peixe no aquário.
E se arrancassem sua roupa
enforcaria a pessoa com as próprias mãos.
Em seguida ele pegaria o cadáver
e poria esperma nos três orifícios.
Você sabe, eu sei,
que você fugiria.

Sou mãe dos loucos.
Acolha minhas crianças:

Eis uma menina sentada numa cadeira
feito boneca de porcelana.
Ela não diz nada.
Ela nem se mexe.
Tão imóvel quanto um móvel.
E você vai dar no pé.

Eis um homem chorando
chorando de soluçar,
seu rosto parece uma esponja.
Você vai dar no pé.

Eis uma mulher falando,
expurga-se com rimas,
martela palavras feito máquina de escrever,

planta palavras em você como sementes de grama.
Você vai dar no pé.

Eis um homem cismado
que diz: Não toque nisso,
pode ser eletrocutado.
Limpe esse vidro três vezes.
Tem arsênico aí.
Ouço mensagens de Deus
pelas obturações dos meus dentes.

Eis um garoto numa ponte.
A trinta metros de altura. Prestes a pular,
ele pensa: É meu último jogo de beisebol.
Tenho que fazer um *home run*.
Deseja uma estalada do bastão.
Deseja arremessar seu corpo
feito espiga de milho.
E você vai dar no pé.

Eis uma velha numa lanchonete
olhando para o bolo de carne
e gritando: Mamãe! Mamãe!
E você vai dar no pé.

Eis um homem numa jaula
mijando nas calças,
esmurrando seu cubículo
parte ao meio suas mãos de ferro.
E você vai dar no pé.

Clifford, Vincent, Friedrich,
meus motoqueiros,
a cara nos livros,
bem antes de você enlouquecer.
Zelda, Hannah, Renée.

Minhas lunáticas,
onde foram parar?

Era uma vez um rei
cuja floresta estava enfeitiçada.
Todos os caçadores,
todos os cães de caça
escafederam-se feito bolhas de sabão.
Um bravo caçador e seu cão
um dia entraram na floresta para examiná-la.
O cão bebeu água num riacho negro;
enquanto lambia, um braço se aproximou
e o puxou para baixo.
O caçador esvaziou a poça do rio
balde por balde
e no fundo jazia
um selvagem
de corpo marrom enferrujado.
O cabelo abaixo dos joelhos.
Talvez fosse menos perigoso
que um beija-flor;
talvez fosse o filho de Cristo;
talvez estivesse machucado feito maçã
mas a toda gente pareceu ser um lunático.
O rei o prendeu numa jaula grande de ferro
no pátio de seu palácio.
A corte se reuniu em torno do selvagem
e comeu amendoim e vendeu balões
e aí quando ele gritou:
Agonia! Agonia!
eles deram no pé.

O filho do rei
um belo dia brincava de bola
e a bola foi parar na jaula de ferro.
Tão repentina quanto pedra no rim.

O selvagem não reclamou.
Conversou tranquilamente com o garoto
e o convenceu a abrir a jaula.
O selvagem carregou o garoto e a bola
na carcunda até a floresta
prometendo-lhe boa sorte e ouro infinito.

O selvagem deixou o garoto num poço de ouro
e pediu que ele o guardasse de raposa
ou de uma eventual pena que o poluísse.
O garoto concordou e lá passou a morar.
Na primeira noite, enfiou o dedo no poço.
Ficou dourado; tanto quanto caneta-tinteiro,
mas o selvagem perdoou o garoto.
Na segunda noite, se abaixou para tomar água
e molhou os cabelos, que ficaram tão dourados
quanto a filha de Midas.
Tão duros quanto os da Medusa numa estátua grega.
Mas dessa vez o selvagem não pôde perdoá-lo.
E ordenou que o garoto caísse no mundo.
Mas caso passe necessidade, disse ele,
volte à floresta e grite: *João de Ferro*
e eu correrei em seu socorro, afinal
você foi a única pessoa gentil
com esse selvagem de uma figa.

O garoto caiu no mundo,
o cabelo de ouro sob o chapéu.
Trabalhava como ajudante de jardineiro
num castelo distante. Todos os dias
passados na lida de cavar e semear.
Um belo dia colheu flores silvestres
para a princesa e as entregou em mãos.
Ela exigiu que, em sua presença,
ele tirasse o chapéu. Parece o bobo,
caçoou ela, mas ele não tirou.
Parece um passarinho, caçoou ela,

e deu um safanão no chapéu.
Num estalido, seu cabelo caiu.
Caiu feito uma corrente lunar
e ela ficou encantada.
A princesa se apaixonou.

Logo depois houve uma guerra
e o rei estava dado por vencido.
O garoto foi para a floresta
e gritou: João de Ferro, João de Ferro,
e o selvagem apareceu.
Ele deu ao garoto um corcel preto,
uma espada afiada como guilhotina
e um exército de cavaleiros negros.
Eles avançaram e eliminaram o inimigo
como se fossem repolhos.
Então desapareceram.
A corte não tinha outro assunto
que não o desconhecido cavaleiro de chapéu.
A princesa achou que fosse o garoto
mas o jardineiro-chefe disse:
Né não. Tinha só um cavalo manco.
Até uma cegonha faria melhor.
Três dias se passaram.
A princesa, querendo atrair o garoto,
arremessou uma bola dourada.
Não se esqueça,
o garoto era bom em perder bolas
mas será que bom em agarrá-las?
Três dias depois o garoto,
graças a João de Ferro,
se apresentou como Joe Dimaggio.
E assim eles se casaram.

Na festa de casamento
a música parou de repente
e uma porta se abriu

e um rei envaidecido entrou
e abraçou o garoto.
É claro
que era João de Ferro.
Havia sido enfeitiçado
e o garoto quebrara o feitiço.
Aquele que mata o guerreiro
e ganha o coração da donzela
quebra o feitiço.
Aquele que mata seu pai
e três vezes conjura sua mãe
quebra o feitiço.

Sem Clorpromazina
ou as benesses da psicoterapia
João de Ferro se transformou.
Não precisou de plano de saúde
nem precisou de eletrochoque –
bastou-lhe o feitiço de longa duração.
Assim como o sapo que era um príncipe.
Assim como o louco que era só criança.

Quando eu era um selvagem,
disse João de Ferro,
emporcalhava o mundo inteiro.
Eu era o daninho.
Era o ventilador de veneno.
Eu era um profissional,
mas você me salvou
do balbucio medonho
daquele chamado.

O Pequeno Camponês

Oh, mas quantas piruetas
as mulheres fazem
para disfarçar um chifre.

Homens e mulheres
imploram entre si.
Pega aqui,
minha panqueca,
me remoça.
E assim
como muitos de nós,
o vigário
e a esposa do moleiro
se deitam em pecado.

As mulheres imploram:
Vem, meu gostosão,
me sara.
Sou giz branco
de meia-idade
então me gasta,
me desbasta,
acaba comigo.
Me lambe inteira,
limpinha feito amêndoa.

Os homens imploram:
Vem, meu lírio,
balangandã de rainha,
minha cafonália,
faz de mim passarinho
e seja a armadilha.
Me repica
feito peteca.

COMPAIXÃO

Baila comigo *a perereca da vizinha*.
Sou teu lagarto,
teu safadão.

Era uma vez
um camponês
pobre, mas esperto.
Não era ainda um voyeur.
Tampouco estava a par
das estripulias
da mulher do moleiro.
E aí acabou que lhe faltou
repolho para o jantar
e trevo para sua única vaca.
Então abateu a vaca
e levou o couro
para a cidade.
Não valia mais que
uma mosca morta
mas ele esperava ter lucro.

No caminho
encontrou um corvo
de asas estropiadas.
Amarrotadas feito
toalha molhada.
Ele disse: Vem, companheiro,
você agora é o meu espólio.

No caminho
caiu uma tempestade feroz.
O granizo picou as bochechas do camponês
como palito de dente.
Então buscou abrigo na casa do moleiro.
A esposa do moleiro lhe deu só
um naco de pão duro
e deixou que dormisse no palheiro.

O camponês se aninhou com o corvo
no couro da vaca
e fingiu que dormia.

Assim que se deitou
imóvel feito salsicha
a mulher do moleiro
deixou o vigário entrar e disse:
Meu marido saiu
então vamos banquetear.
Carne assada, salada, bolos e vinho.
O vigário,
olhos pretos de caviar,
disse: Vem, meu lírio,
balangandã de rainha.
A mulher do moleiro,
lábios carmim de pimentão,
disse: Pega aqui, minha panqueca,
me acende.
E assim se fartaram.
E assim
piriricaram.

Então ouviram
o moleiro batendo na porta
e a esposa do moleiro
escondeu a comida pela casa
e o vigário no armário.

Ao entrar, o moleiro perguntou:
Que couro é esse ali no canto?
O camponês respondeu:
É meu.
Vim me abrigar da tempestade.
Seja bem-vindo, disse o moleiro,
minha barriga está vazia que nem saco de farinha.
A esposa disse a ele que não tinha nada

além de pão e queijo.
Que seja, disse o moleiro,
e os três comeram.
O moleiro olhou de novo
para o couro da vaca
e perguntou por que cargas d'água.
O camponês respondeu:
Eu camuflo meu profeta aí dentro.
Ele sabe cinco coisas sobre você
mas a quinta ele não diz.
O camponês beliscou a cabeça do corvo
e ele crocitou: *Krr. Krr.*
Isso significa, traduziu o camponês,
que tem vinho debaixo do travesseiro.
E lá estava
quente como fezes.

Krr. Krr.
Acharam carne assada embaixo do fogão.
Parecia um cachorro velho.
Krr. Krr.
Acharam salada em cima da cama
e bolos embaixo.
Krr. Krr.

Depois disso tudo
o moleiro estava louco pra saber a quinta coisa.
Quanto?, perguntou ele,
fingindo não saber que estava sendo explorado.

Acordaram uma quantia alta
e o profeta disse:
O diabo está no armário. E o moleiro abriu a porta.
Krr. Krr.

Lá estava o vigário,
semiparalisado,

tão real quanto uma lata de sopa
e então desembestou feito rojão,
abrindo vento com o peito.
Enganei o diabo,
exclamou o moleiro, satisfeito,
inda belisquei as suíças dele.
Serei tão famoso quanto o rei.

A esposa do moleiro
sorriu aliviada.
Apesar de nunca mais piriricar
seu segredo estava a salvo
feito mosca na casinha.

O camponês malandro
chispou pra casa na manhã seguinte,
com o profeta nos ombros
e moedas de ouro tilintando feito bola de gude
no fundo do bolso da calça.
Krr. Krr.

Briar Rose (A Bela Adormecida)

Imagina só
uma garota que vive dormindo
braços flácidos de cenoura velha,
num transe hipnótico
para um mundo espiritual
com o dom de falar em línguas.
Está presa na máquina do tempo,
de repente tem dois anos de idade e chupa dedo,
suga como se fosse um caracol,
e aprende mais uma vez a falar.
Ela está numa viagem.
Nada cada vez mais para trás,
contra a corrente feito um salmão,
luta para caber na bolsinha da mãe.
Bonequinha,
vem com papai.
Senta aqui no meu colo.
Vou dar bitoquinhas na sua nuca.
Um dinheirinho pelos seus pensamentos, Princesa.
Vou persegui-los feito esmeralda.
Vem, meu chuchuzinho,
vou te dar uma cenourinha.
Um tipo de viagem
rançosa como madressilva.

Era uma vez
o rei organizou um batizado
para sua filha Briar Rose
e só dispondo de doze barras de ouro
convidou apenas doze fadas
para o grande evento.
A décima terceira fada,
dedos longos e finos como palha,
olhos fulgurantes de cigarro,

útero feito xícara de chá vazia,
apareceu com um presente maligno.
Ela fez a seguinte profecia:
Ao completar quinze anos
a princesa vai se furar
numa roda de fiar
e vai cair morta.
Cataploft!
A corte ficou muda.
O rei parecia *O Grito*, do Munch.
As profecias das fadas,
naquela época,
tinham fundamento.
Porém a décima segunda fada
tinha um tipo específico de borracha
e com ela mitigou a maldição
transformando a morte
num sono de cem anos.

O rei ordenou que todas as rodas de fiar
fossem exterminadas e exorcizadas.
Briar Rose fora criada para ser uma deusa
e toda noite o rei
mordia a bainha de seu vestido
para garantir sua segurança.
Ele prendeu a lua no céu
com um alfinete
para garantir-lhe luz perpétua.
Forçou todos os homens da corte
a higienizar a língua com alvejante
para não envenenarem a atmosfera dela.
Assim, ela vivia na atmosfera dele.
Rançosa como madressilva.

Em seu aniversário de quinze anos
furou o dedo
numa roda de fiar chamuscada

e os relógios pararam.
Sim, claro. Ela foi dormir.
O rei e a rainha foram dormir,
os cortesãos e também as moscas.
O fogo na lareira definhou
e a carne assada parou de estrepitar.
As árvores viraram metal
e o cachorro virou porcelana.
Todo mundo entrou em transe,
cada qual em sua catatonia,
presos na máquina do tempo.
Até os sapos viraram zumbis.
Só um buquê de rosas crescia
formando uma muralha de espinhos
em torno do castelo.
Muitos príncipes
tentaram atravessar o espinheiro
tanto já tinham ouvido falar de Briar Rose
mas por não terem a língua higienizada
ficaram presos nos espinhos
e assim foram crucificados.
No tempo devido
cem anos se passaram
e um príncipe teve êxito.
As rosas se abriram como que para Moisés
e o príncipe encontrou a pintura viva.
Ele beijou Briar Rose
e ela acordou gritando:
Papai! Papai!
Pronto! Livre da prisão!
Ela se casou com o príncipe
e tudo corria bem
à exceção do medo –
o medo de dormir.

Briar Rose
era insone...
Não conseguia cochilar
nem dormir
sem que o químico da corte
lhe preparasse umas gotas de desmaio,
mas nunca na presença do príncipe.
Mais importante é que, disse ela,
o sono me pegue desprevenida
enquanto estou rindo ou dançando
para que esteja alheia àquele recanto brutal
onde me deito com aguilhões
dado o buraco em minha bochecha.
Ademais, não posso sonhar
ou verei a mesa posta
e uma jabiraca sentada no meu lugar,
os olhos fulgurantes de cigarro
enquanto mastiga traição feito carne.

Não posso dormir
pois adormecida tenho noventa anos
e acho que estou morrendo.
A morte retine na minha garganta
feito bola de gude.
Uso tubos de ensaio como brincos.
Deito imóvel feito barra de ferro.
Você pode enfiar uma agulha
na minha rótula que não me mexo.
Estou chapada de Novocaína.
Essa garota em transe
é toda sua.
Você pode deitá-la na cova,
um embrulho medonho,
e jogar terra em seu rosto

que ela nunca dirá: Oizinho!
Mas se desse um beijo em sua boca
seus olhos floresceriam
e ela gritaria: Papai! Papai!
Pronto!
Livre da prisão.

Houve um furto.
Eu soube de tudo.
Fui abandonada.
Bem sei.
Fui passada pra trás.
Fui arrastada pra frente.
Fui passada de mão em mão
como uma tigela de frutas.
Toda noite me agrilhoam
e esqueço quem sou.
Papai?
Também tem essa prisão.
Nem é o príncipe,
é meu pai
torto de bêbado ao pé da minha cama,
circundando o abismo feito tubarão,
meu pai se avoluma sobre mim
feito água-viva adormecida.
Que viagem, hein, garotinha?
É isto se libertar da prisão?
Deus, tem piedade –
vida depois da morte?

de O LIVRO DA BESTEIRA

[THE BOOK OF FOLLY, 1972]

O Pássaro Ambicioso

O que aconteceu foi –
insônia às 3h15 da manhã,
o relógio batendo ponteiro

feito sapo que segue
um relógio de sol ainda que
arremetendo no quarto de hora.

O lance das palavras me deixa ligada.
Tomo chocolate quente,
teta marrom de mamãe.

Queria uma vida simples
mas toda noite guardo
poemas numa caixa grande.

É minha caixa da imortalidade,
meu consórcio,
meu caixão.

Toda noite asas pretas
batendo no meu coração.
Cada qual um pássaro ambicioso.

O pássaro quer ser jogado
de uma altura como a da Tallahatchie Bridge.

Ele quer acender um fósforo de cozinha
e se sacrificar.

Ele quer voar para as mãos de Michelangelo
e virar pintura de teto.

Ele quer cavoucar o vespeiro
e achar uma divindade imensa.

Ele quer do pão e do vinho
dar à luz um homem a flutuar animado no Caribe.

Ele quer ser empurrado feito uma chave
que revele os Reis Magos.

Ele quer se despedir de estranhos
distribuindo como aperitivo pedaços de seu coração.

Ele quer morrer trocando de roupa
e se aferrar ao sol feito diamante.

Ele quer, eu quero.
Meu bom Deus, não bastava
tomar chocolate quente?

Preciso comprar um pássaro novo
e uma nova caixa da imortalidade.
Nesta aqui já tem besteira demais.

Mãe e Filha

Linda, agora você deixa
seu corpo antigo para trás.
Ele espichou, borboleta antiga,
todo braços, pernas, asas,
folgado como vestido velho.
Estendo a mão para tocá-lo mas
meus dedos viram chagas
e sou colo de mãe e estou acabada,
assim como sua infância está acabada.
Faço perguntas sobre isso
e você mostra pérolas.
Faço perguntas sobre isso
e você ignora exércitos.
Faço perguntas sobre isso –
e seu relógio se avoluma, a toda,
ponteiros maiores que jogo de varetas –
e você vai costurar um continente.

Agora que tem dezoito anos
dou-lhe meu butim, meus restos,
minha Mãe & Co. e minhas doenças.
Faço perguntas sobre isso
e você não saberá a resposta –
a mordaça na boca,
a esperança da bomba de oxigênio,
os tubos, os caminhos,
a guerra e o vômito da guerra.
Prossiga, prossiga, prossiga,
levando lembrancinhas pros garotos,
levando maquiagem pros garotos,
levando, minha Linda, sangue
para a sangria.

Linda, agora você deixa
seu corpo antigo para trás.
Você esvaziou meu bolso
e já empilhou todas as minhas
fichas de pôquer e me deixou
sem nada, e o rio entre nós
se estreita e você faz ginástica,
semáforo com pernas de mulher.
Faço perguntas sobre isso
e você vai coser minha mortalha
e manter o frango às segundas-feiras
e tirar as tripas dele com o dedo.
Faço perguntas sobre isso
e você verá minha morte
babando em lábios cinzentos
enquanto você, minha ladra, come
frutas e aproveita o dia.

O Espancador de Mulheres

Esta noite vai ter lama no carpete
e sangue no picadinho.
O espancador de mulheres saiu,
o espancador de crianças saiu
comendo terra e bebericando projéteis.
Ele anda de um lado a outro
em frente à janela do meu escritório
mastigando lascas vermelhas do meu coração.
Seus olhos reluzem feito bolo de aniversário
e ele faz pão da pedra.

Ontem caminhava por aí
feito homem do mundo.
Era correto e conservador
e um tanto evasivo, um tanto contagioso.
Ontem fez um país para mim
e providenciou uma sombra para eu dormir
mas hoje fez um caixão para a Madona e seu filho,
hoje duas mulheres com roupa de bebê virarão hambúrguer.

Com língua de navalha beijará
a mãe, a filha,
e nós três pintaremos as estrelas de preto
em memória de sua mãe
que o mantinha acorrentado à arvore da comida
e o acionava feito torneira de água
e fez das *mulheres* ao longo desses anos nebulosos
o inimigo de coração mentiroso.

Esta noite todos os cães vermelhos dormem com medo
e a mulher e a filha se entrelaçam uma à outra
até que sejam mortas.

de A Morte dos Pais

1. Ostras

Comemos ostras,
bebezinhos azuis,
doze olhos me olharam,
vibrando de limão e Tabasco.
Temi comer essa comida de pai
e o Pai riu
e engoliu o martíni,
transparente feito lágrimas.
Um remédio fraco
do mar para minha boca,
úmido e carnudo.
Engoli.
Desceu feito um pudinzão.
Em seguida comi à uma e às duas da tarde.
Depois eu ri e depois nós rimos
vou anotar isso –
houve morte,
a morte da infância
ali na Union Oyster House
eu tinha quinze anos
e comia ostras
e a criança foi derrotada.
A mulher ganhou.

2. Nossa Dança

No dia do casamento da minha prima
vesti azul.
Eu tinha dezenove anos
e nós dançamos, Pai, entramos em órbita.
Parecíamos anjos tomando banho.
Parecíamos dois pássaros em chamas.

Depois parecíamos o mar dentro de um jarro,
cada vez mais devagar.
A orquestra tocou
"Oh how we danced on the night we were wed".
E você valsou comigo feito mesa giratória
e nos tratamos bem,
muito bem.
Agora que tirou o time de campo,
mais inútil que um cachorro cego,
agora que não espreita mais ninguém,
a canção toca na minha cabeça.
Oxigênio puro a champanhe que tomamos
e estalou nossos copos, tim-tim.
A champanhe respirava feito mergulhador
e as taças eram de cristal e a noiva
e o noivo se amassaram na cama
como nas matinês de concurso de dança.
Mamãe era a mais bela e dançou com vinte homens.
Você dançou comigo sem dizer um a.
Já a serpente cantou enquanto você me apertava.
A serpente, zombeteira, acordou e me apertou
como um deus imenso e nós curvamos
o corpo feito dois cisnes sós.

4. Noel

Pai,
a roupa de Papai Noel
que você comprou no Wolf Fording Theatrical Supplies,
antes do meu nascimento,
já era.
A barba branca que você usava para me enganar
e a peruca de Moisés,
aquela lã grossa espetada
que arrepiava meu pescoço,
já eram.
Oba, meu Papai Noel rosado de araque,

tocando seu chocalho de bronze.
Você cheio de fuligem de verdade no nariz
e a neve (tirada do congelador anos atrás)
sobre os ombros largos.
A sala parecia a Flórida.
Você tirou um monte de laranja da bolsa
e as espalhou pelo chão da sala,
rindo sem parar à moda do Polo Norte.
Mamãe beijava você
porque era alta.
Mamãe abraçava você
porque não tinha medo.
A rena batia a cabeça no teto.
(Era a Nana martelando o sótão.
Para minhas filhas, era meu marido
com o pé de cabra destruindo tudo.)
O ano em que me dei conta da farsa
foi o ano em que você passou bêbado.
Meu bebum rosado,
voz escorregadia de sabão,
não chegava aos pés de São Nicolau
com aquele bafo de coquetel.
Eu caí no choro e corri da sala
e você disse "Ufa, graças a Deus acabou!".
E assim foi, até o nascimento das netas.
Aí eu amarrei suas almofadas
às cinco da manhã de Cristo
e ajeitei a barba,
amarelada dos anos,
e passei ruge na sua bochecha
e giz branco nas sobrancelhas.
Estávamos mancomunados,
atores secretos,
e eu beijei você
pois já tinha altura para tal.
Mas tudo isso já era.
É o fim de uma era

e as crianças mais velhas penduram as meias
e constroem um memorial soturno para você.
Já você, está sumindo da vista
feito um sinaleiro desmemoriado
balançando a lanterna
para um trem que não vem mais.

de Os Papéis de Jesus
"Zombando de Deus?"
"Só os crentes podem zombar de Deus."

Jesus Põe a Prostituta de Pé

A prostituta agachada
com as mãos sobre o cabelo ruivo.
Ela não estava em busca de clientes.
Ela estava morrendo de medo.
Um corpo delicado coberto de vermelho,
tão vermelho quanto punho esmigalhado
e ela também estava ensanguentada
porque as pessoas da cidade tentavam
apedrejá-la até a morte.
Pedras em sua direção como abelhas no doce
e sendo a doce prostituta ruiva que era
gritou *Jamais, jamais.*
Pedras voaram de sua boca feito pombos
e Jesus presenciando tudo pensou
em exumá-la, como um coveiro.

Jesus sabia que uma doença terrível
habitava a prostituta e Ele poderia extirpá-la
com Seus pequenos dedões.
Ele ergueu Sua mão e as pedras
caíram no chão feito rosquinhas.
Mais uma vez levantou Sua mão
e a prostituta O beijou.
Punçou-a duas vezes. Ali mesmo.
Punçou-a duas vezes em cada peito,
enfiando Seus dedões até o leite pingar,
aqueles dois furúnculos da prostituição.
A prostituta seguiu Jesus feito cachorrinha
pois Ele a havia posto de pé.
Ela abandonou a fornicação

e passou a bichinho de estimação Dele.
A volta por cima que Jesus providenciou fez com que ela
se sentisse de novo uma garotinha que tinha um pai
que soprava o cisco de seu olho.
Porém tomou as rédeas de si,
sabia que devia uma vida a Jesus,
tão certeira quanto um trunfo.

Jesus Cozinha

Jesus viu multidões famintas
e disse: Ó, Deus,
manda um cozinheiro de lanchonete.
E Deus disse: Abracadabra.
Jesus pegou o peixe,
um peixinho verde,
da mão direita e disse: Ó, Deus,
e Deus disse:
É preciso traquejo
para abrir tantas latas de sardinha.
E Ele abriu.
Pescador, pescador,
pra você parece fácil.
E, vede, havia muitos peixes.
Em seguida, Jesus ergueu um pão
e disse: Ó, Deus,
e Deus O instruiu
como um padeiro de linha de montagem,
um flautista de Hamelin da levedura,
e, vede, havia muitos pães.

Jesus circulou entre o povo
com chapéu de cozinheiro
e eles beijaram Suas colheres e garfos
e se fartaram de pratos invisíveis.

Jesus Morre

Daqui de cima, do ninho do corvo,
vejo uma multidãozinha reunida.
Por que se reúnem, meus patrícios?
Não tenho novidades.
Não sou trapezista.
Estou ocupado com Minha morte.
Três cabeças penderam,
bambas como bexigas.
Nenhuma novidade.
Os soldados logo abaixo,
rindo como fazem os soldados há séculos.
Nenhuma novidade.
Somos os mesmos indivíduos de sempre,
eu e você,
as mesmas narinas,
os mesmos pés.
Meus ossos untados de sangue
assim como os seus.
Meu coração se debate feito coelho na arapuca
e o seu também.
Quero dar um beijo no nariz de Deus e vê-Lo espirrar
e você também quer.
Não por desrespeito.
Nem por ressentimento.
Nada desse papo de homem pra homem.
Eu quero que o céu caia e se acomode no Meu prato
e você também quer.
Eu quero que Deus Me envolva em Seus braços
e você também quer.
Porque precisamos disso.
Porque somos criaturas feridas.
Voltem pra casa,
meus patrícios.
Não farei nada de extraordinário.
Não repartirei nada em dois.

Não arrancarei Meus olhos brancos.
Podem ir,
este assunto aqui é pessoal,
um assunto privado e Deus
não tem nada com isso.

de OS CADERNOS DA MORTE

[THE DEATH NOTEBOOKS, 1974]

Para o Sr. Morte, Que Mantém a Porta Aberta

O tempo fecha. O tempo que endossa
agora fragiliza, tempo, olhos vivazes,
balança as saias dela, canta sua fossa,
a ela que liga e dá carona aos rapazes,
Mamãe Nazi com seu chucrute e cerveja.
O tempo, minha velha, é o que ele almeja.

Ressalto que ela era ainda uma criança,
brincava de bambolê, pique-esconde
e bailava o *jango* com os feios da vizinhança,
as galinhas dormiam não se sabia onde,
e prometia se casar com Jack e Jerome,
sempre, sempre, sempre estava em brasa
e sempre perdia a hora de voltar pra casa.

Foi-se o tempo em que o tempo sobrava
e todo dia eu afundava na salmoura do mar.
Tudo ia bem quando sem roupa se nadava,
ia-se sem pé no freio, escrever para relaxar.
Foi-se o tempo dos soluços, tampar o nariz
e não cruzar com Sr. Morte e seus ardis.

Sr. Morte, atorzinho, sempre mascarado.
Mas já teve mais elegância, à la Valentino,
o gim Bathtub do papai era do seu agrado.
Segurava minha cintura, eu perdia o tino
no cajado recostado em seu braço pálido
mas nunca, nunca, me deixou em brasa,
rendida ao seu tipinho de vilão esquálido.

Daí então, Sr. Morte, você jogou a isca
quando tive, como dizem, o primeiro treco
aconselhando o bebê suicida a soltar faísca,
tendo abandonado enfim o teatro de bonecos.

Saí tomando comprimidos e gritando adieu
no campo de extermínio com o caçula judeu.

Agora sua pança tomba de cerveja, balofo.
Você abre os botões e está soltando gases.
Como posso me deitar com você, meu fofo,
que é tão classe baixa, tão meia-idade.
Mas vai me guardar dentro do seu mapa;
como borboleta, para sempre, para sempre,
ao lado de Mussolini e do Papa.

Sr. Morte, nos fornos nem precisou acelerar
e com o afogado você também foi gentil,
e boa praça com o bebê que tive que abortar
e, com todos os crucificados, quase hostil.
Quando chegar a minha hora, venha sem pressa,
faça dela pantomima, o *peep show* final,
para que eu possa experimentar as peças
pretas imprescindíveis do meu enxoval.

de As Fúrias

A Fúria de Violões e Sopranos

Este canto
é um tipo de morte,
um tipo de nascimento,
uma vela votiva.
Tenho uma mãe-onírica
que canta com seu violão,
ninando o quarto
com o luar e belas azeitonas.
A flauta entrou na roda,
juntou-se às cinco cordas,
um dedo de Deus nas brechas.
Uma vez conheci uma mulher linda
que cantava com a ponta dos dedos
e seus olhos acastanhados
pareciam passarinhos.
No bojo dos seus seios
mungi o vinho.
Na colina de suas pernas
gizei figos.
Ela cantou minha sede,
cânticos misteriosos de Deus
que exterminariam um exército.
Parecia que a glória-da-manhã
florescia em sua garganta
e todo aquele discreto
pólen azul
corroía meu coração
violento e santo.

A Fúria dos Pratos

Alho, ervas,
queijo, deixem-me entrar!
Suflês, saladas,
rosquinhas Parker House,
deixem-me entrar!
Cozinheira Helen,
por que tão zangada,
por que sua cozinha está fechada?
Poderia me iniciar
no assado das batatas,
naquele feitiço,
naquela alteza imberbe?
Não! Não!
Esse país é meu!
Grite baixo.
Bastava que você me mostrasse
o picadinho. Como fez picadinho
do estômago daquele pássaro?
Helen, Helen,
deixe-me entrar,
quero sentir a farinha,
é cega e aterrorizante
essa coisa que faz bolos?
Helen, Helen,
a cozinha é seu cão
e você faz carinho
e você adora
e a mantém limpa.
Mas e tudo isso,
e todos esses pratos
entram pela porta do salão
e eu não sei de onde vêm?
Só um pouquinho de molho de tomate, Helen!
Não me deixe sozinha.

A Fúria das Picas

Lá estão elas
insinuando-se na louça do café da manhã,
angelicais,
aninhadas em suas asas tristes,
animais tristes,
e pensar que uma noite antes
lá estavam elas
tocando banjo.
E mais uma vez a luz do dia
chega com o imenso sol,
suas mamães-carreta,
seus motores de amputação.
Ao passo que ontem à noite
a pica sabia o caminho de casa,
dura feito martelo,
metendo forte,
com força total.
Que teatro.
Hoje está terna,
um passarinho,
macia feito mão de bebê.
A mulher é a casa.
O homem é o campanário.
Quando trepam viram Deus.
Quando se separam viram Deus.
Quando roncam viram Deus.
De manhã passam manteiga no pão.
Falam pouco.
Permanecem Deus.
Toda pica que há é Deus,
viçando, viçando, viçando
na doçura do sangue da mulher.

A Fúria das Galochas

Ficam sentadas em fila
na porta do jardim de infância,
preta, vermelha, marrom, todas
com fivela de latão.
Lembra quando você não sabia
afivelar sua própria
galocha
ou amarrar seu próprio
sapato
ou cortar seu próprio bife
e as lágrimas
rolavam feito lama
quando você caía
do velotrol?
Lembra, peixe grande,
quando não sabia nadar
e afundava sem parar
feito perereca?
O mundo não era
seu.
Pertencia
às pessoas grandes.
Embaixo da sua cama
vivia um lobo
e ele fazia sombra
quando os carros passavam
à noite.
Fizeram você desistir
do seu abajur
e do seu ursinho
e de chupar o dedão.
Ah, galochas,
não se lembram
de mim,
levando vocês pra cima e pra baixo

na neve invernal?
Ah, dedão,
eu quero um drink,
está escuro,
onde estão as pessoas grandes,
quando vou me dar bem
dando passos gigantes
o dia todo
todo dia
sem pensar
em nada disso?

A Fúria das Manhãs

A escuridão
preta da cor da tua pálpebra,
farpas de estrelas,
a boca amarelada,
o cheiro de um estranho,
o apontar da aurora,
azul-escuro,
sem estrelas,
o cheiro de um amor,
então mais quente
franco como sabonete,
onda após onda
de claridade
e os pássaros acordoados
alucinando com os pigarros,
os pássaros abrindo suas trilhas
chilreando feito palhaços,
mais claro, mais claro,
sem vestígios de estrelas,
as árvores surgem com seus capuzes verdes,
a casa surge do outro lado da estrada,
a estrada e seu macadame triste,
as paredes de pedra perdendo o algodão,
mais claro, mais claro,
e o cachorro aparece e vê
a neblina lhe cobrir as patas,
um balé de gazes,
mais claro, mais claro,
amarelo, azul no topo das árvores,
mais Deus, mais Deus por toda parte,
mais claro, mais claro,
mais mundo em toda parte,
rapapés de lençóis para as pessoas,
as caras bizarras do amor
e do café da manhã,

esse sacramento,
mais claro, mais amarelo
feito gema de ovo,
as moscas reunidas na vidraça,
o cachorro ganindo por comida
e o dia que começa,
para não acabar, para não acabar,
como no último romper do dia,
um dia derradeiro se digerindo,
mais claro, mais claro,
as cores infinitas,
as mesmas árvores vindo na minha direção,
a rocha mostrando suas fendas,
o café da manhã parece um sonho
e um dia inteiro pela frente,
inabalável, profundo, íntimo.
Depois da morte,
depois do escuro da escuridão,
essa luz –
sem fim, sem fim –
que Deus deu.

de Ó Línguas Vossas

Salmo Primeiro

Que haja um Deus tão grande quanto uma lâmpada solar para desferir seu calor em você.

Que haja uma Terra em formato de quebra-cabeça e que nela caibam todos vocês.

Que haja a escuridão de um quarto escuro insondável. Uma sala de minhocas.

Que haja um Deus que entreveja a luz no fim de um cachimbo elegante e a deixe entrar.

Que Deus divida tudo ao meio.

Que Deus compartilhe seu Hoodsie.

Que os mares se abram para que Deus lave seu rosto no primeiro raio de luz.

Que haja furos de alfinete no céu para Deus enfiar seu dedo mindinho.

Que as estrelas sejam um paraíso cheio de rocambole e gargalhada de bebês.

Que a luz seja Dia para que os homens plantem milho ou peguem ônibus.

Que no segundo dia haja terra seca para que todos os homens sequem seus dedos dos pés com toalhas Cannon.

Que Deus clame pela Terra e sinta a grama crescer feito cabelo de anjo.

Que haja bananas, pepinos, ameixas, mangas, feijão, arroz e docinhos.

Que haja a primeira e a segunda semeadura.

Que chegue a época de entendermos a arquitetura do céu com as águias, os tentilhões, os pica-paus e as gaivotas.

Que chegue a época de usarmos vinte casacos e removermos a neve ou de aposentar nossas roupas e nos banhar no Caribe.

Que chegue a época dos cães celestes galgarem o sol de dezembro.

Que chegue a época da enguia abandonar sua caverna vegetal.

Que chegue a época do guaxinim aumentar seu fluxo sanguíneo.

Que chegue a época do vento ser alçado por uma folha de laranjeira.

Que chegue a época da chuva enterrar muitas embarcações.

Que chegue a época dos milagres a preencher nossas taças com ouro gotejante.

Que chegue a época de nossas línguas sentirem a opulência de aspargos e limões.

Que chegue a época em que não abandonemos nossas paixões e elas virem metal.

Que chegue a época em que um homem ponha a mão no peito de uma mulher e erice um mamilo doce, um estrelário.

Que haja céu para que o homem sobreviva à sua grama.

Décimo Salmo

Porque o bebê brota feito estrela-do-mar de milhares de anos, Anne entende que deve escalar sua própria montanha.

Porque ela devora sabedoria como se fosse uma pera, põe um pé na frente do outro. Ela monta na asa trevosa.

Porque seu bebê cresce, Anne também cresce e há sal e melão e melaço por toda parte.

Porque Anne está em movimento, a música flui e a família repousa no leite.

Porque não estou presa.

Porque agora escalo a rocha, punho a punho, e mergulho na altitude das palavras. No silêncio das palavras.

Porque o marido vende sua chuva a Deus e Deus fica muito satisfeito com a família Dele.

Porque essa família luta contra a dureza e, em algum lugar, em outro cômodo, uma lâmpada é acesa por dedos gentis.

Porque a morte chega para amigos, parentes, irmãs. A morte chega com um saco de dor, mas ninguém amaldiçoa a chave que recebeu para guardar.

Porque eles abrem todas as portas e assim ganham um novo dia na janela ensolarada.

Porque o bebê se torna uma mulher, os seios brotando feito a lua enquanto Anne esfrega a pedra da paz.

Que a bebê funde sua própria montanha (e não fique presa lá dentro) e alcance a linha costeira das uvas.

Que Anne e sua filha dominem a montanha e de novo e de novo. E que a filha encontre um homem que se abra como o mar.

Que essa filha erga sua própria cidade e a povoe com suas próprias laranjas, suas próprias palavras.

Porque Anne tentou e tentou e enfim os anos se passaram e ela ficou tão velha quanto a lua e ganhou um tom de voz resmungão.

Porque Anne escalou oito montanhas e viu as crianças lavando seus bonequinhos na praça.

Porque Anne pegou um martelo ensanguentado e construiu uma lápide para si, e Christopher sentou-se ao lado dela e ficou muito satisfeito com a sombra avermelhada que fizeram.

Porque eles penduraram a foto de um rato e o rato sorriu e estendeu a mão.

Porque o rato foi abençoado naquela montanha. Recebeu um banho de descarrego.

Porque o leite celeste se derramou sobre eles e os devorou.

Porque Deus não os abandonou e pôs o anjo ensanguentado para velar por eles até que chegasse a hora de adentrarem sua estrela.

Porque os cães celestes pularam e nos jogaram neve e repousamos em nosso sangue tranquilo.

Porque Deus era tão grande quanto uma lâmpada solar e desferiu seu calor sobre nós e só por isso não nos agachamos no buraco da morte.

A Caminhada de Jesus

Quando Jesus chegou ao deserto,
ele carregava um homem nas costas,
ao menos tinha a forma de um homem,
quiçá um pescador de nariz molhado,
quiçá um padeiro com farinha nos olhos.
O homem estava decerto morto
e ainda sim era imatável.
Jesus carregou muitos homens
porém só havia um homem –
se é que era um homem.
No deserto todas as folhas
estenderam as mãos,
mas Jesus seguiu adiante.
As abelhas o seduziram com seu mel,
mas Jesus seguiu adiante.
O javali arrancou seu coração e o ofertou,
mas Jesus seguiu adiante
carregando seu fardo.
O diabo se aproximou e lhe deu um tabefe no queixo,
e Jesus seguiu adiante.
O diabo fez a terra se mover feito um elevador,
e Jesus seguiu adiante.
O diabo fez uma cidade de putas
e as deitou em caminhas de anjo,
e Jesus prosseguiu com seu fardo.
Por quarenta dias, por quarenta noites
Jesus punha um pé na frente do outro
e o homem que carregava,
se é que era um homem,
tornava-se cada vez mais pesado.
Ele carregava todas as árvores do mundo
que são uma só árvore.
Ele carregava quarenta luas
que são uma só lua.

Ele carregava todas as botas
de todos os homens do mundo
que são uma só bota.
Ele carregava nosso sangue.
Sangue único.

Rezar, bem sabia Jesus,
é um homem carregando outro homem.

de **A REMADURA MEDONHA
RUMO A DEUS**

[THE AWFUL ROWING TOWARD GOD, 1975]

Remadura

Uma história, uma história!
(Deixa estar. Deixa faltar.)
A este mundo cheguei prejudicada
como um para-choque Plymouth.
Primeiro o berço
com seus ferros glaciais.
Depois as bonecas
e a devoção às bocas de plástico.
Aí veio a escola,
fileirinhas de cadeiras arrumadas,
maculando meu nome sem parar,
mas submersa todo o tempo,
uma estranha de cotovelos imprestáveis.
Depois a vida
com seus abrigos cruéis
e pessoas que mal se encostavam –
e o toque é fundamental –
mas eu cresci,
feito um porco de sobretudo eu cresci,
e aí vieram aquelas aparições esquisitas,
a chuva insistente, o sol virando peçonha
e por aí vai, serras averiguando meu coração,
mas eu cresci, cresci,
e Deus estava lá feito uma ilha para a qual não remei,
ainda ignorante Dele, braços e pernas ajudaram,
e eu cresci, cresci,
usei rubis e comprei tomates
e agora, na metade da vida,
digamos uns dezenove anos nas costas,
estou remando, remando
apesar do grude e da ferrugem das forquilhas
e do mar que pestaneja e encrespa
feito globo ocular injetado,
sigo remando, remando,

embora o vento me empurre para trás
e eu saiba que aquela ilha não será ideal,
que terá os defeitos da vida,
os absurdos de uma mesa de jantar,
mas haverá uma porta
eu a abrirei
e me livrarei do rato que carrego em mim,
um roedor pestilento.
Deus o pegará com as duas mãos
e o abraçará.

Como se diz em África:
essa é a história que acabei de contar,
se foi boa, se não foi boa,
passe adiante para que volte para mim.
Essa história termina comigo ainda remando.

A Guerra Civil

Estou partida ao meio
mas vou me unificar.
Vou desenterrar o orgulho.
Pegar uma tesoura
e desbastar a indigente.
Pegar um pé de cabra
e arrancar os quinhões
de Deus que carrego.
Assim como num quebra-cabeças,
vou reconstituí-Lo
com a paciência de uma enxadrista.

Quantos quinhões?

Milhares, parece,
Deus vestido feito puta
num pântano de algas pardas.
Deus vestido como um velho
cambaleando para tirar Seus sapatos.
Deus vestido de criança,
pelado,
ainda sem pele,
macio feito abacate descascado.
E por aí vai.

Mas vou unificar todos eles
e inaugurar uma nação de Deus
em mim – e, unificada,
inaugurar uma alma nova,
cobri-la de pele
e depois vestir a blusa
e cantar um hino,
uma canção de mim.

Coragem

Está nas pequenas coisas.
O primeiro passo da criança,
espantoso como um terremoto.
A primeira vez que andou de bicicleta,
chafurdando na calçada.
A primeira sova quando seu coração
embarcou sozinho.
Quando chamaram você de bebê chorão
ou pobrezinha ou gorda ou louca
e fizeram de você alienígena,
quando engoliu o azedume deles
e guardou tudo para si.

Mais tarde,
se você encarou a morte por bombas e balas
e não segurou um estandarte,
usou apenas um chapéu para
cobrir seu coração.
Você não afagou a fragilidade que sentia
mas ela estava lá.
Sua coragem era um carvãozinho
que você engolia sem pensar.
Se um amigo salvou sua vida
e morreu ao fazê-lo,
a coragem dele não era coragem,
era amor; amor tão simples quanto creme de barbear.

Depois,
se você suportou a desesperança,
o fez por conta própria,
porque nas suas veias corria o fogo,
a despetalar as cicatrizes do seu coração,
aí você o torceu feito meia.
Em seguida, meu chegado, você polvilhou a dor,

fez-lhe uma massagem nas costas
e a aninhou num cobertor
e depois que ela descansou um pouco
acordou nas asas dos bons ventos
e se transformou.

Mais adiante,
ao encarar a velhice e seu desfecho natural
sua coragem ainda estará nas pequenas atitudes,
cada primavera será uma espada a ser afiada,
as pessoas que ama viverão na calidez do amor,
e você vai negociar com o calendário
e no último momento
quando a morte abrir a porta dos fundos
você vai calçar as pantufas
e andar a passos largos.

Quando o Homem Penetra a Mulher

Quando o homem
penetra a mulher,
feito arrebentação mordendo a costa,
continuamente,
e a mulher abre a boca de prazer
e seus dentes fulguram
como o alfabeto,
o logos surge ordenhando uma estrela,
e o homem
dentro da mulher
dá um nó
para que nunca mais
se separem
e a mulher
trepa numa flor
e engole seu caule
e o logos surge
e deságua seus rios.

Esse homem,
essa mulher
com a fome redobrada,
tentaram alcançar
a cortina de Deus
e até conseguiram,
mas Deus
em Sua perversidade
desfaz o nó.

A Terra

Deus zanza pelo céu
sem forma
mas gostaria de fumar Seu charuto
ou roer Suas unhas
e por aí vai.

Deus é dono do céu
mas Ele anseia a terra,
a terra com suas caverninhas pacatas,
sua ave que descansa na janela da cozinha,
até seus assassinos enfileirados como cadeiras quebradas,
até seus escritores escavando suas almas
com britadeiras,
até seus ambulantes trocando animais
por ouro,
até seus bebês fungando o som,
a casa da fazenda, branca feito osso,
sentada no colo de seu milharal,
até a estátua abraçando sua vida de viúva,
até o mar com sua taça cheia de colegiais,
sobretudo Ele inveja os corpos,
Ele que não tem corpo.

Olhos, que abrem e fecham como fechadura
sem perder a memória, registrada por milhares,
o crânio e seus miolos de enguia –
a pílula do mundo –
os ossos e suas juntas
que crescem e quebram à toa,
os órgãos genitais,
o lastro do eterno,
e, é claro, o coração
que engole as marés
e as cospe purgadas.

A alma Ele não inveja tanto assim.
Ele é alma pura
mas Ele gostaria de abrigá-la num corpo
e descer dos céus
e lavar a alma
de vez em quando.

Finado Coração

Depois que escrevi isso, um amigo rabiscou na página um "Sim". E eu disse, para mim mesma, "queria que tivesse uma ofensiva diferente – como Molly Bloom e seu 'sim eu disse sim vou Sim'".

Não é uma tartaruga
escondida em seu casco esverdeado.
Não é uma pedra
que se cate e guarde sob uma asa preta.
Não é um vagão de metrô obsoleto.
Não é toco de carvão pronto para o fogo.
É um coração morto.
Está dentro de mim.
É um estranho
mas já fez seus agrados,
abrindo e fechando feito marisco.

Você nem imagina o tanto que me custou,
psiquiatras, padres, amantes, filhas, maridos,
amigos e tudo mais.
O mais caro foi seguir adiante.
Mas compensou.
Não negue!
Será que um abril o faria ressuscitar?
Uma tulipa? O primeiro botão?
Mas são só devaneios meus,
a pena que se sente ao ver um cadáver.

Morreu de quê?
Chamei de MALDITO.
Comentei: seus poemas fedem a vômito.
Não esperei para ouvir a última sentença.

Morreu na palavra MALDITO.
Matei-o com a minha língua.

COMPAIXÃO

A língua, dizem os chineses,
é faca amolada:
mata
sem derramar sangue.

A Doença Terminal

Deus não está mais em mim
e parece que o mar virou lixa
e parece que o sol virou latrina.
Deus escorreu pelos meus dedos.
Eles viraram pedra.
Meu corpo virou carne de cordeiro
e o desespero vagou no matadouro.

Alguém trouxe laranjas para o meu desespero
mas não consegui comer nenhuma
pois Deus estava naquela laranja.
Eu não podia tocar no que não era meu.
O padre chegou,
disse que Deus estava até em Hitler.
Não acreditei nele
porque se Deus estava em Hitler
Deus também estava em mim.
Não ouvi o som dos pássaros.
Eles voaram.

Não vi as nuvens mudas,
vi só o pratinho branco de minha fé
se quebrando na cratera.
Repetia para mim mesma:
Preciso ter no que me amparar.
Pessoas me deram bíblias, crucifixos,
uma margarida amarela,
mas não consegui tocar em nada,
eu que fui uma casa cheia de movimentos intestinais,
eu que fui um altar desfigurado,
eu que fui aquela que queria rastejar até Deus
mas não conseguia me mover nem comer pão.

Então comi a mim mesma,
mordida a mordida,
as lágrimas me lavaram,
onda atrás de onda de covardia,
engolindo úlcera atrás de úlcera
e Jesus me olhou de cima
e Ele riu ao ver que era meu fim
e pôs Sua boca na minha
e me deu Seu sopro.

Meu parente, meu irmão, disse eu
e dei a margarida amarela
para a louca da cama do lado.

Bem-vinda, Manhã

A alegria
está em tudo:
no cabelo que escovo toda manhã,
na toalha Cannon, recém-lavada,
com que me esfrego toda manhã,
na capelinha de ovos que faço
toda manhã,
na algazarra da chaleira
que esquenta a água do café
toda manhã,
na colher e na cadeira
que exclamam "olá, Anne"
toda manhã,
na cabeceira da mesa
onde ponho talheres, prato, xícara
toda manhã.

Deus está em tudo isso,
bem aqui na minha casa verde-oliva
toda manhã,
e eu pretendo,
embora sempre esqueça,
agradecer,
me jogar aos pés da mesa da cozinha
e fazer uma oração de júbilo
enquanto pássaros gloriosos bicam
um casório de sementes na janela da cozinha.
Enquanto estou pensando nisso,
deixe-me pintar um *graças* na palma da mão,
a esse Deus, a essa risada da manhã,
para que não fique inconfesso.

Alegria que não é partilhada, ouvi dizer,
morre jovem.

Frenesi

Eu não sou preguiçosa.
Chapo na anfetamina da alma.
Estou, todo dia,
datilografando o Deus
em que minha máquina acredita.
Bem veloz. Bem impetuosa,
feito lobo despedaçando um coração.

Preguiçosa nada.
Quando um preguiçoso, dizem,
olha para o céu,
os anjos fecham as janelas.

Ó, anjos,
deixem as janelas abertas
para que eu possa entrar
e roubar todas as coisas,
coisas que me garantam que o mar não terá fim,
coisas que me garantam que o pó tem perseverança,
que o Cristo que caminhou por mim
caminhou sobre um chão genuíno
e que esse frenesi,
abelhas ferroando o coração toda manhã,
fará com que os anjos
deixem as janelas abertas,
devassadas como banheira vitoriana.

O Fim da Remadura

Ancoro meu barco a remo
no cais da ilha chamada Deus.
Esse cais tem a forma de um peixe
e há outros barcos atracados
em diferentes cais.
"Tudo certo", digo a mim mesma
e às bolhas que estouraram e cicatrizaram
e estouraram e cicatrizaram –
socorrendo-se várias vezes.
E o sal grudado em meu rosto e braços
feito a goma
esburacada dos grãos da tapioca.
Eu me livro do meu barco de madeira
e penetro o corpo da Ilha.
"Adiante!", diz Ele, e aí
nos agachamos nas rochas à beira-mar
e jogamos – acredite se quiser –
uma partida de pôquer.
Ele paga.
Ganho porque tenho um royal straight flush.
Ele ganha porque Ele tem cinco ases.
Um coringa foi cantado
mas eu não consegui ouvir
porque fiquei perplexa
quando Ele pegou as cartas e as distribuiu.
Enquanto Ele baixa Seus cinco ases
e eu fico sorrindo para o meu royal flush,
Ele começa a rir,
a risada ondula de Sua boca feito um aro
e entra na minha,
e com essa risada Ele cai por cima de mim
gargalhando um Refrão Jubiloso ao nosso triunfo duplo.
Eu rio também, o cais ictíaco ri,

o mar ri. A Ilha ri.
O Absurdo ri.

Caro crupiê,
Eu, com o meu royal straight flush,
amo você ainda mais pelo coringa,
aquele indomável, eterno, corajoso *ha-há*
e o amor próspero.

OBRA DE PUBLICAÇÃO PÓSTUMA

de **MERCY STREET, 45**

[45 MERCY STREET, 1976]

Cigarettes and Whiskey and Wild, Wild Women

(a partir de uma canção)

Vai ver eu nasci ajoelhada,
nasci tossindo num inverno arrastado,
nasci esperando o beijo de misericórdia,
nasci com uma paixão pela velocidade,
porém, conforme as coisas avançavam,
cedo ainda me instruí sobre a paliçada
ou sobre a retirada, os vapores do enema.
Lá pelos dois anos aprendi a não ajoelhar,
a não esperar, a fazer minhas fogueiras no sótão
onde nada além das bonecas, perfeitas e tétricas,
sabiam guardar segredo ou esperar a morte deitadas.

Agora que já escrevi tantas palavras
e desperdicei tantos amores, tanto tempo,
e continuo sendo aquilo que sempre fui –
uma mulher de excessos, de zelo e ganância,
percebo que todo esforço é inútil.
Acredita que olho no espelho,
hoje em dia,
e vejo uma ratazana bêbada desviar os olhos?
Acredita que sinto tanta fome
que preferiria morrer a olhar
na cara dela?

Me ajoelho mais uma vez,
se porventura a compaixão
vier a tempo.

Comida

Quero leite materno,
aquela sopinha azeda.
Peitos assoviando como berinjelas,
e de cima uma boca jogando beijos.
Quero mamilos de morango tímido
porque preciso chupar o céu.
Também preciso mordê-lo
feito palito de cenoura.
Preciso de braços que balançam,
duas conchas sem molusco cantando *mar*.
Quero ainda ervas daninhas para comer
porque elas são o espinafre da alma.
Estou com fome e o que você me dá
é um dicionário para decifrar.
Sou um bebê absorto em seu uivo encarnado
e você salpica minha boca com sal.
Seus mamilos estão alinhavados como suturas
e não importa que eu chupe
só sai ar
e até o açúcar concentrado se dispersa.
Responda! Responda! Por quê?
Preciso de comida
e você vai embora lendo o jornal.

O Balanço do Dinheiro

Depois do conto "Babylon Revisited", de F. Scott Fitzgerald

Pai, mãe,
tenho essa foto de vocês
tirada, segundo ela, em 1929
no convés do barco.
Pai, mãe,
tão jovens, tão gostosos, tão jazzísticos,
tão Zelda e Scott
com drinks e cigarros e turbantes
e calças de grife e permanentes frisados
e onde foi parar toda aquela grana,
acho que mereço uma explicação,
aqui nesta escrivaninha suada em 1971?

Eu sei que o gelo dos drinks já derreteu.
Eu sei que os sorrisos vão virar furúnculo.
Vocês sabem só que estão nas alturas
brincando feito crianças no balanço do dinheiro
pra cima e além, pra cima e além,
até Nova York, pequena de cima, cair no sono.
Sabem que quando o inverno chegar
e a neve cair,
não será neve de verdade.
Se vocês não querem neve
basta pagar.

do **Bestiário EUA**

Vespa

Uma agulha em brasa
pendurada no corpo, que manobra
como se fosse um leme, ela
fez o que fez para entrar na casa
e depois saltou da janela
para o teto, zumbindo e atrás de você.
Não durma porque ela está enrolada na cortina.
Não durma porque ela está embaixo da prateleira.
Não durma poque ela quer costurar sua pele,
quer assaltar seu corpo feito martelo
pendurado no prego, não durma porque ela quer
entrar no seu nariz e fazer um transplante, ela não quer
dormir ela quer enterrar seu casaco de pele e fazer
um ninho de facas, ela quer entrar embaixo
da sua unha e enfiar uma farpa, não durma
ela quer sair pela privada enquanto você se senta
e fazer um ninho no cabelo embaraçado não durma
ela quer que você tropece nela como num fumo tostado.

Retrato de uma Época

Marido,
noite passada sonhei
que cortavam seus pés e mãos.
Marido,
você sussurrou assim,
agora eu também perdi o chão.

Marido,
aninhei os quatro membros
nos braços como filhos e filhas.
Marido,
eu abaixei devagar
e os lavei em águas maravilhas.

Marido,
encaixei cada membro
em seus devidos espaços.
"Um milagre",
você disse, e nós rimos
o riso dos ricaços.

O Risco

Quando uma filha tenta suicídio
e a chaminé cai feito um bêbado
e o cachorro arranca o próprio rabo
e a cozinha enfurece a chaleira areada
e o aspirador engole o próprio saco
e a privada se afunda em lágrimas
e a balança do banheiro sopesa o fantasma
da avó e as janelas,
esses nacos de céu, passam como barcos
e a grama escorre pela entrada da garagem
e a mãe se deita em seu leito conjugal
e come o próprio coração feito omelete.

Mercy Street, 45

Em sonho,
a perfurar a medula
de todos os meus ossos,
num sonho real,
subo e desço a Beacon Hill
à procura de uma rua –
chamada Mercy Street.
Não há.

Tento o Back Bay.
Não há.
Não há.
E olha que sei o número.
Mercy Street, 45.
Conheço o vitral
do saguão,
os três andares da casa
com piso de parquê.
Conheço os móveis e
a mãe, a avó, a bisavó,
os empregados.
Conheço o armário Spode,
o pote de sorvete, a prataria maciça
onde a manteiga folga em quadrados perfeitos
feito os dentes tortos de um gigante
na grande mesa de mogno.
Conheço bem.
Não há.

Onde foi parar?
Mercy Street, 45,
com a bisavó
ajoelhada em seu corpete de barbatana
rezando serena, mas fervorosamente

aos pés da pia,
às cinco da manhã
ao meio-dia
cochilando na cadeira de balanço,
o avô bebericando na despensa,
a avó chamando a empregada com um sino,
e Nana embalando Mamãe com uma flor enorme
na testa para cobrir o cacheado
que tinha quando era boa e quando ela...
O lugar onde foi gerada
e daqui a uma geração
a terceira que ela gerará,
eu,
minhas sementes suspeitas desabrochando
numa flor chamada *Horrenda*.

Caminho de vestido amarelo
e bolsinha branca cheia de cigarro,
cheia de comprimido, a carteira, as chaves,
e tenho vinte e oito anos, ou será quarenta e cinco?
Caminho. Caminho.
Acendo fósforos diante das placas
porque está escuro,
tão fúnebre quanto o couro
e não sei onde está meu Ford verde,
minha casa no subúrbio,
minhas filhinhas
sugadas feito pólen pela abelha que me habita
e um marido
que arrancou os olhos
para não me ver pelo avesso
e eu caminho e procuro
e isso não é sonho
só minha vida sebosa
onde as pessoas são álibis
e a rua é desencontrada ao longo
de uma vida inteira.

Que caiam as cortinas –
Não estou nem aí!
Tranque a porta, compaixão,
apague o número,
arranque a placa,
pouco importa,
o que importa a essa mão-de-vaca
que deseja guardar o passado
que partiu num barco ao léu
e me deixou só papéis?

Não há.

Abro minha bolsinha,
à moda das mulheres,
e os peixes nadam pra lá e pra cá
em meio aos dólares e ao batom.
Recolho os peixes,
um por um,
e os arremesso nas placas de rua,
e jogo minha carteira
no Charles River.
Então me desvencilho do sonho
e bato na parede de cimento
do calendário desastrado
dos meus dias,
da minha vida,
e seus cadernos
foragidos.

de **PALAVRAS AO DR. Y.**

[WORDS FOR DR. Y., 1978]

de Cartas para o Dr. Y.
(1960-1970)

Dr. Y.
preciso de um fio desencapado,
da sua voz Socorro S.A.
para conseguir me deitar,
para evitar que eu caia no chão
e fique imóvel
como fita métrica.

Morte,
preciso do seu hálito quente,
meu dedo indicador na chama,
dois cretinos ao pé do ouvido,
esperando o carro de polícia.

Morte,
preciso de um bercinho
que me carregue,
um vagão para meus livros,
um trocado na palma da mão
e beijo nenhum
para o meu beijo.

Morte,
preciso do meu viciozinho em você.
Preciso daquela vozinha que,
até quando saio do mar, diz
bem feminina, bem presente,
me leva, me leva.

Meu olho de maluca
só enxerga a trapezista
que esvoaça sem rede.
Grito Bravo!

engolindo comprimidos,
comprimidos pra morrer.
Atenção, benzinhos,
a morte é tão chegada ao prazer
quanto um palito de dente.
Morrer total,
vazia de tudo,
só o desejo de morrer,
é como tomar café da manhã
depois do sexo.

16 de fevereiro de 1960

Até que ponto, Dr. Y.,
eu preciso de você?
Eu trabalho todo dia
metida numa caixa de pinho.
Você trabalha todo dia
no ar-condicionado que ofega
feito mulher entubada.
Minhas pernas finas entram no seu consultório
e trabalhamos juntos sobre o cadáver da minha alma.
Montamos um palco do meu passado
e o decoramos com marionetes coloridas.
Construímos uma ponte para o meu futuro
e eu exclamo: serei de aço!
Vou construir uma ponte de aço para tudo que preciso!
Vou construir um abrigo antibombas para o meu coração!
Mas meu futuro é um segredo.
É tímido feito uma toupeira.

Até que ponto
eu preciso de você...
Sou a pérola enervante
e você, a concha crucial.
Você, as doze faces do Atlântico
e eu, o barco a remo. Sou o fardo.

Quão dependente?, pergunta a raposa.
E essa carência toda?, silva a cobra.
É assim que...
Seguidamente eu caio no poço
e você cava um túnel na areia instável,
escora o altar de uma igreja para se apoiar.
Com suas mãos brancas você me desenterra.
Me oferece mangueiras para respirar melhor.
Concebe um crânio para conter os vermes
do meu cérebro. Me serve chocolate quente
mas é sabido que não tenho barriga.
As árvores são putas e ainda assim você

me põe à sombra delas. O sol é venenoso
mas é para ele que me empurra feito rosa.
Estou enferrujada para a vida.
Você é corajoso feito motocicleta.

Até que ponto
posso desafiá-lo?
Eu fui um fio desencapado
sem eletricidade.
Uma viúva rica de Beacon Hill
mas sem o chapéu.
Um cirurgião
que corta as próprias unhas.
Um glutão
que jogou fora a colher.
Deus
sem Jesus como meu porta-voz.

Eu fui Jesus
sem precisar de cruz como prova.

24 de agosto de 1964

Chamava-o *Conforto*.
Dei o nome errado ao Dr. Y.
O nome certo seria *Pastor*
pois o dia inteiro na praia
ele lia a Bíblia para mim.
Lia para provar que eu era pecadora.
Para que à noite fosse traído.
Então permitiu que lhe desse um beijo de Judas,
aquela fechadura vermelha que nos assegurava,
aí lhe dei de beber no meu copo
e ele sussurrou: "Estupro, estupro".
Em seguida ofertei meu pulso
e ele sugou o sangue,
muito contrariado,
murmurando: "Deus tá vendo, Deus tá vendo".

E eu disse:
"Foda-se Deus!".

E ele perguntou:
"Você zombou de Deus?".

E respondi:
"Deus é zombaria exclusiva dos crentes!".

E ele disse:
"Amo nada mais que a verdade".

E eu disse:
"Bendita preocupação com a verdade…
exceto os mentirosos, ninguém tá nem aí".

E Deus ficou entediado.
Ele deu aquela viradinha
dos viciados em ópio
e dormiu.

28 de março de 1965

Voltei a sonhar com o soldado de Mỹ Lai,
voltei a sonhar com o soldado de Mỹ Lai toda noite.
Ele toca a campainha como no Fuller Brush Man
e quer apertar a minha mão
e eu retribuo porque seria muito rude negar
e eu olho para minha mão e ela é verde
e tem intestinos.
E eles não vão desgrudar,
vão não. Ele pede desculpas por isso sem parar.
O soldado de Mỹ Lai me joga para o alto de novo
e me põe no chão junto das mulheres e dos bebês mortos
dizendo: *É o meu trabalho. É o meu trabalho.*

Então ele me manda engolir um projétil
como se fosse comprimido para dormir.
Estou deitada nessa pança de bebês mortos
e cada um expele os gases ocres da morte
e suas mães rolam, olhos, joelhos, sobre mim,
e todas pela última vez, todas de fato mortas.
O soldado está numa escada logo acima de nós
e aponta seu pênis vermelho para mim e diz:
Não é nada pessoal.

17 de dezembro de 1969

de ÚLTIMOS POEMAS

[LAST POEMS]

Reprimendas a uma Pessoa Especial

Cuidado com o poder,
a avalanche pode ser aterradora,
neve, neve, neve asfixiando sua montanha.

Cuidado com o ódio,
ele abre a boca e você se entusiasma
e come a própria perna, um leproso surpresa.

Cuidado com as amizades,
quando rolarem as traições
e é claro que vão rolar,
enfiarão as próprias cabeças na privada
e vão dar descarga.

Cuidado com o intelecto,
pois ele sabe muito bem que não sabe nada
e vai virar você do avesso
mastigando conhecimento enquanto o coração
cai pela boca.

Cuidado com a lábia, a atuação,
o discurso ensaiado, sabido, dado,
tudo isso entrega o jogo
e sobra você feito um bebezinho nu,
mijando no berço.

Cuidado com o amor
(exceto o verdadeiro,
e tudo em nós pode confirmá-lo, até os dedos dos pés),
ele fará de você uma múmia
e ninguém ouvirá seu grito
e nenhuma das fugas vai dar certo.

Amor? Seja homem. Seja mulher.
Deve ser uma onda que você quer pegar,
entregar seu corpo, entregar seu riso,
é oferta, quando o cascalho te carrega,
suas lágrimas na terra. Amar outra pessoa é parecido
com rezar e não pode ser premeditado, calha de você
cair nas graças porque sua crença anula sua descrença.

Pessoa especial,
se eu fosse você não daria atenção
a essas reprimendas que lhe dou,
feitas em parte das suas palavras
e em parte das minhas.
Uma parceria.
Não acredito numa só palavra do que eu disse,
exceto em algumas, exceto que você pra mim é uma árvore moça
de folhas ainda temerosas e sei que vai criar raízes
e o verde autêntico virá.

Deixa pra lá. Deixa pra lá.
Ah, pessoa especial,
viáveis folhas de papel,
essa máquina de escrever gosta quando você aparece,
mas deseja quebrar copos de cristal
para comemorar,
em sua homenagem,
assim que a crosta escura cair
e você sair flutuando por aí
como um balão avoado.

Pré-escrito

Terra, Terra,
girando em seu carrossel
rumo à extinção,
retorna às raízes,
engrossando o molho dos oceanos,
apodrecendo cavernas,
você está virando latrina.
Suas árvores são cadeiras equivocadas.
Suas flores gemem na frente do espelho
e clamam por um sol que não usa máscara.

Suas nuvens vestem branco,
tentando virar freiras
e fazem novenas aos céus.
O céu está amarelo de icterícia,
e suas veias desaguam nos rios
onde peixes ajoelhados
engolem cabelos e olhos de cabra.

De modo geral, eu diria
que o mundo está enforcado.
E, quando me deito na cama à noite,
ouço meus vinte sapatos
conversando sobre isso.
E a lua,
sob o capuz sombrio,
cai do céu toda noite
e abre sua bocarra vermelha
para chupar minhas cicatrizes.

Carta de Amor Escrita num Edifício em Chamas

Caro Foxxy,

Estou num caixote,
no caixote que era nosso,
cheio de camisa branca e verdura,
a geladeira rangendo nossos rangidos gostosos,
e eu carregava filmes nos olhos,
e você carregava ovos no túnel,
e brincávamos de lençóis, lençóis, lençóis
o dia inteiro, até na banheira, lunáticos.
Mas hoje ateei fogo na cama
e a fumaça está inundando o quarto,
está esquentando e vai derreter as paredes,
e a geladeira, um dente de leite grudento.

Estou de máscara para escrever minhas últimas palavras
e você é o único destinatário, e eu vou guardá-las
na geladeira de vodca e tomates,
e talvez assim durem mais.
O cachorro não dura. As pintas dele vão cair.
Cartas antigas derretidas serão abelha preta.
As camisolas já estão se desfazendo
em papel, a amarela, a vermelha, a roxa.
A cama – ó, os lençóis viraram ouro –
maciça, ouro maciço, e o colchão
ganhou um beijo e virou pedra.

Quanto a mim, meu caro Foxxy,
os poemas que te escrevi talvez não cheguem à geladeira
e sua esperançosa eternidade,
afinal a eternidade deles não basta?
Lembra daquele em que você escreve
certo meu nome na ficha do hospital?
Se meus dedos dos pés não estivessem caindo

eu contaria a história toda –
não só a história do lençol
mas a história do umbigo,
a história da pálpebra-prêmio,
a história do whiskey sour no mamilo –
e enterraria nosso amor em seu lugar de origem.

Apesar de minhas luvas de amianto,
a tosse está me atufando de negrume,
e um pó vermelho penetra minhas veias,
nosso caixote desmorona a olhos vistos
e sem querer, veja você,
quer fazer uma aparição solo,
uma cremação do amor,
mas parece que estamos caindo
no meio de uma rua na Rússia,
as chamas imitam o barulho
de um cavalo sendo açoitado,
o chicote adorando seu triunfo humano
enquanto moscas esperam, açoite pós açoite,
na porta da United Fruit, Inc.

Glória

Metade inverno, metade primavera,
e Barbara e eu estamos de pé
confrontando o mar.
Ele está com a boca escancarada,
desenterrou seu próprio verde
e lança, lança tudo na costa.
Você diz que é raiva.
Digo que é uma Madonna agredida.
Seu útero desaba, chumbado de febre.
Nós aspiramos essa fúria.

Eu, a interiorana,
vim com você para espairecer.
Estou um pouco temerosa,
tanto tempo longe do mar.
Presenciei a maciez de bochecha.
Presenciei a calma,
em seu ofício,
de vai e vem.
Presenciei a ondulação das argolas azuis.
Presenciei o desraigar da terra.
Presenciei quando tentou me afogar duas vezes,
mas não quis me levar.
Você diz que à medida que o verde recua
cobre a Grã-Bretanha,
mas você já esteve *naquela* costa
e presenciou o mar cobrindo você?

Viemos para reverenciar,
as línguas das ondas são orações,
e nós juramos
a jura indizível.
Ambas em silêncio.
Num silêncio díspar.

Desejo entrar no mar como num sonho,
deixando minhas raízes aqui na praia
feito uma caçarola de facas.
E meu passado a ser desfiado, com seus nós e teias,
e tropeçar no mar
deixar que ele exploda sobre mim
e me arraste, então eu beberia a lua
e minhas roupas escapuliriam,
e eu afundaria nos braços da grande mãe
que nunca tive,
exceto aqui onde o abismo
se arremessa na areia
golpe a golpe,
sem parar,
e nós ficamos na praia
adorando seu pulsar
enquanto engole as estrelas,
e é assim desde sempre
e assim seguirá para o esquecimento,
para além do que sabemos
e o verde selvagem hoje tomba sobre nós,
brevemente,
neste metade inverno, metade primavera.

1º de abril de 1974

MERCIES

The Balance Wheel

Where I waved at the sky
And waited your love through a February sleep,
I saw birds swinging in, watched them multiply
Into a tree, weaving on a branch, cradling a keep
In the arms of April, sprung from the south to occupy
This slow lap of land, like cogs of some balance wheel.
I saw them build the air, with that motion birds feel.

Where I wave at the sky
And understand love, knowing our August heat,
I see birds pulling past the dim frosted thigh
Of Autumn, unlatched from the nest, and wing-beat
For the south, making their high dots across the sky,
Like beauty spots marking a still perfect cheek.
I see them bend the air, slipping away, for what birds seek.

from *To Bedlam and Part Way Back*
(1960)

You, Doctor Martin

You, Doctor Martin, walk
from breakfast to madness. Late August,
I speed through the antiseptic tunnel
where the moving dead still talk
of pushing their bones against the thrust
of cure. And I am queen of this summer hotel
or the laughing bee on a stalk

of death. We stand in broken
lines and wait while they unlock
the door and count us at the frozen gates
of dinner. The shibboleth is spoken
and we move to gravy in our smock
of smiles. We chew in rows, our plates
scratch and whine like chalk

in school. There are no knives
for cutting your throat. I make
moccasins all morning. At first my hands
kept empty, unraveled for the lives
they used to work. Now I learn to take
them back, each angry finger that demands
I mend what another will break

tomorrow. Of course, I love you;
you lean above the plastic sky,
god of our block, prince of all the foxes.
The breaking crowns are new

that Jack wore. Your third eye
moves among us and lights the separate boxes
where we sleep or cry.

What large children we are
here. All over I grow most tall
in the best ward. Your business is people,
you call at the madhouse, an oracular
eye in our nest. Out in the hall
the intercom pages you. You twist in the pull
of the foxy children who fall

like floods of life in frost.
And we are magic talking to itself,
noisy and alone. I am queen of all my sins
forgotten. Am I still lost?
Once I was beautiful. Now I am myself,
counting this row and that row of moccasins
waiting on the silent shelf.

Music Swims Back to Me

Wait Mister. Which way is home?
They turned the light out
and the dark is moving in the corner.
There are no sign posts in this room,
four ladies, over eighty,
in diapers every one of them.
La la la, Oh music swims back to me
and I can feel the tune they played
the night they left me
in this private institution on a hill.

Imagine it. A radio playing
and everyone here was crazy.
I liked it and danced in a circle.
Music pours over the sense
and in a funny way
music sees more than I.
I mean it remembers better;
remembers the first night here.
It was the strangled cold of November;
even the stars were strapped in the sky
and that moon too bright
forking through the bars to stick me
with a singing in the head.
I have forgotten all the rest.

They lock me in this chair at eight a.m.
and there are no signs to tell the way,
just the radio beating to itself
and the song that remembers

more than I. Oh, la la la,
this music swims back to me.
The night I came I danced a circle
and was not afraid.
Mister?

Said the Poet to the Analyst

My business is words. Words are like labels,
or coins, or better, like swarming bees.
I confess I am only broken by the sources of things;
as if words were counted like dead bees in the attic,
unbuckled from their yellow eyes and their dry wings.
I must always forget how one word is able to pick
out another, to manner another, until I have got
something I might have said . . .
but did not.

Your business is watching my words. But I
admit nothing. I work with my best, for instance,
when I can write my praise for a nickel machine,
that one night in Nevada: telling how the magic jackpot
came clacking three bells out, over the lucky screen.

But if you should say this is something it is not,
then I grow weak, remembering how my hands felt funny
and ridiculous and crowded with all
the believing money.

Her Kind

I have gone out, a possessed witch,
haunting the black air, braver at night;
dreaming evil, I have done my hitch
over the plain houses, light by light:
lonely thing, twelve-fingered, out of mind.
A women like that is not a woman, quite.
I have been her kind.

I have found the warm caves in the woods,
filled them with skillets, carvings, shelves,
closets, silks, innumerable goods;
fixed the suppers for the worms and the elves:
whining, rearranging the disaligned.
A woman like that is misunderstood.
I have been her kind.

I have ridden in your cart, driver,
waved my nude arms at villages going by,
learning the last bright routes, survivor
where your flames still bite my thigh
and my ribs crack where your wheels wind.

A woman like that is not ashamed to die.
I have been her kind.

Unknown Girl in the Maternity Ward

Child, the current of your breath is six days long.
You lie, a small knuckle on my white bed;
lie, fisted like a snail, so small and strong
at my breast. Your lips are animals; you are fed
with love. At first hunger is not wrong.
The nurses nod their caps; you are shepherded
down starch halls with the other unnested throng
in wheeling baskets. You tip like a cup; your head
moving to my touch. You sense the way we belong.
But this is an institution bed.
You will not know me very long.

The doctors are enamel. They want to know
the facts. They guess about the man who left me,
some pendulum soul, going the way men go
and leave you full of child. But our case history
stays blank. All I did was let you grow.
Now we are here for all the ward to see.
They thought I was strange, although
I never spoke a word. I burst empty
of you, letting you learn how the air is so.
The doctors chart the riddle they ask of me
and I turn my head away. I do not know.

Yours is the only face I recognize.
Bone at my bone, you drink my answers in.
Six times a day I prize
your need, the animals of your lips, your skin
growing warm and plump. I see your eyes
lifting their tents. They are blue stones, they begin
to outgrow their moss. You blink in surprise
and I wonder what you can see, my funny kin,
as you trouble my silence. I am a shelter of lies.
Should I learn to speak again, or hopeless in
such sanity will I touch some face I recognize?

Down the hall the baskets start back. My arms
fit you like a sleeve, they hold
catkins of your willows, the wild bee farms
of your nerves, each muscle and fold
of your first days. Your old man's face disarms
the nurses. But the doctors return to scold
me. I speak. It is you my silence harms.
I should have known; I should have told
them something to write down. My voice alarms
my throat. 'Name of father – none.' I hold
you and name you bastard in my arms.

And now that's that. There is nothing more
that I can say or lose.
Others have traded life before
and could not speak. I tighten to refuse
your owling eyes, my fragile visitor.
I touch your cheeks, like flowers. You bruise
against me. We unlearn. I am a shore
rocking you off. You break from me. I choose
your only way, my small inheritor
and hand you off, trembling the selves we lose.
Go child, who is my sin and nothing more.

For John, Who Begs Me Not to Enquire Further

Not that it was beautiful,
but that, in the end, there was
a certain sense of order there;
something worth learning
in that narrow diary of my mind,
in the commonplaces of the asylum
where the cracked mirror
or my own selfish death
outstared me.
And if I tried
to give you something else,
something outside of myself,
you would not know
that the worst of anyone
can be, finally,
an accident of hope.
I tapped my own head;
it was glass, an inverted bow!.
It is a small thing
to rage in your own bowl.
At first it was private.
Then it was more than myself;
it was you, or your house
or your kitchen.
And if you turn away
because there is no lesson here
I will hold my awkward bowl,
with all its cracked stars shining
like a complicated lie,
and fasten a new skin around it
as if I were dressing an orange
or a strange sun.
Not that it was beautiful,
but that I found some order there.
There ought to be something special
for someone
in this kind of hope.

This is something I would never find
in a lovelier place, my dear,
although your fear
is anyone's fear,
like an invisible veil between us all . . .
and sometimes in private,
my kitchen, your kitchen,
my face, your face.

Some Foreign Letters

I knew you forever and you were always old,
soft white lady of my heart. Surely you would scold
me for sitting up late, reading your letters,
as if these foreign postmarks were meant for me.
You posted them first in London, wearing furs
and a new dress in the winter of eighteen-ninety.
I read how London is dull on Lord Mayor's Day,
where you guided past groups of robbers, the sad holes
of Whitechapel, clutching your pocketbook, on the way
to Jack the Ripper dissecting his famous bones.
This Wednesday in Berlin, you say, you will
go to a bazaar at Bismarck's house. And I
see you as a young girl in a good world still,
writing three generations before mine. I try
to reach into your page and breathe it back . . .
but life is a trick, life is a kitten in a sack.

This is the sack of time your death vacates.
How distant you are on your nickel-plated skates
in the skating park in Berlin, gliding past
me with your Count, while a military band
plays a Strauss waltz. I loved you last,
a pleated old lady with a crooked hand.
Once you read *Lohengrin* and every goose
hung high while you practiced castle life
in Hanover. Tonight your letters reduce
history to a guess. The Count had a wife.
You were the old maid aunt who lived with us.
Tonight I read how the winter howled around
the towers of Schloss Schwöbber, how the tedious
language grew in your jaw, how you loved the sound
of the music of the rats tapping on the stone
floors. When you were mine you wore an earphone.

This is Wednesday, May 9th, near Lucerne,
Switzerland, sixty-nine years ago. I learn
your first climb up Mount San Salvatore;
this is the rocky path, the hole in your shoes,
the yankee girl, the iron interior
of her sweet body. You let the Count choose
your next climb. You went together, armed

with alpine stocks, with ham sandwiches
and seltzer wasser. You were not alarmed
by the thick woods of briars and bushes,
nor the rugged cliff, nor the first vertigo
up over Lake Lucerne. The Count sweated
with his coat off as you waded through top snow.
He held your hand and kissed you. You rattled
down on the train to catch a steamboat for home;
or other postmarks: Paris, Verona, Rome.

This is Italy. You learn its mother tongue.
I read how you walked on the Palatine among
the ruins of the palaces of the Caesars;
alone in the Roman autumn, alone since July.
When you were mine they wrapped you out of here
with your best hat over your face. I cried
because I was seventeen. I am older now.
I read how your student ticket admitted you
into the private chapel of the Vatican and how
you cheered with the others, as we used to do
on the Fourth of July. One Wednesday in November
you watched a balloon, painted like a silver ball,
float up over the Forum, up over the lost emperors,
to shiver its little modern cage in an occasional
breeze. You worked your New England conscience out
beside artisans, chestnut vendors and the devout.

Tonight I will learn to love you twice;
learn your first days, your mid-Victorian face.
Tonight I will speak up and interrupt
your letters, warning you that wars are coming,
that the Count will die, that you will accept
your America back to live like a prim thing
on the farm in Maine. I tell you, you will come
here, to the suburbs of Boston, to see the blue-nose
world go drunk each night, to see the handsome
children jitterbug, to feel your left ear close
one Friday at Symphony. And I tell you,
you will tip your boot feet out of that hall,
rocking from its sour sound, out onto
the crowded street, letting your spectacles fall
and your hair net tangle as you stop passers-by
to mumble your guilty love while your ears die.

The Double Image

1.

I am thirty this November.
You are still small, in your fourth year.
We stand watching the yellow leaves go queer,
flapping in the winter rain,
falling flat and washed. And I remember

mostly the three autumns you did not live here.
They said I'd never get you back again.
I tell you what you'll never really know:
all the medical hypothesis
that explained my brain will never be as true as these
struck leaves letting go.

I, who chose two times
to kill myself, had said your nickname
the mewling months when you first came;
until a fever rattled
in your throat and I moved like a pantomime
above your head. Ugly angels spoke to me. The blame,
I heard them say, was mine. They tattled
like green witches in my head, letting doom
leak like a broken faucet;
as if doom had flooded my belly and filled your bassinet,
an old debt I must assume.

Death was simpler than I'd thought.
The day life made you well and whole
I let the witches take away my guilty soul.
I pretended I was dead
until the white men pumped the poison out,
putting me armless and washed through the rigamarole
of talking boxes and the electric bed.
I laughed to see the private iron in that hotel.
Today the yellow leaves
go queer. You ask me where they go. I say today believed
in itself, or else it fell.

Today, my small child, Joyce,
love your self's self where it lives.
There is no special God to refer to; or if there is,
why did I let you grow
in another place. You did not know my voice
when I came back to call. All the superlatives
of tomorrow's white tree and mistletoe
will not help you know the holidays you had to miss.
The time I did not love
myself, I visited your shoveled walks; you held my glove.
There was new snow after this.

2.

They sent me letters with news
of you and I made moccasins that I would never use.
When I grew well enough to tolerate
myself, I lived with my mother. Too late,
too late, to live with your mother, the witches said.
But I didn't leave. I had my portrait
done instead.

Part way back from Bedlam
I came to my mother's house in Gloucester,
Massachusetts. And this is how I came
to catch at her; and this is how I lost her.
I cannot forgive your suicide, my mother said.
And she never could. She had my portrait
done instead.

I lived like an angry guest,
like a partly mended thing, an outgrown child.
I remember my mother did her best.
She took me to Boston and had my hair restyled.
Your smile is like your mother's, the artist said.
I didn't seem to care. I had my portrait
done instead.

There was a church where I grew up
with its white cupboards where they locked us up,
row by row, like puritans or shipmates
singing together. My father passed the plate.
Too late to be forgiven now, the witches said.
I wasn't exactly forgiven. They had my portrait
done instead.

3.

All that summer sprinklers arched
over the seaside grass.
We talked of drought
while the salt-parched
field grew sweet again. To help time pass
I tried to mow the lawn
and in the morning I had my portrait done,
holding my smile in place, till it grew formal.
Once I mailed you a picture of a rabbit
and a postcard of Motif number one,
as if it were normal
to be a mother and be gone.

They hung my portrait in the chill
north light, matching
me to keep me well.
Only my mother grew ill.
She turned from me, as if death were catching,
as if death transferred,
as if my dying had eaten inside of her.
That August you were two, but I timed my days with doubt.
On the first of September she looked at me
and said I gave her cancer.
They carved her sweet hills out
and still I couldn't answer.

4.

That winter she came
part way back
from her sterile suite
of doctors, the seasick
cruise of the X-ray,
the cells' arithmetic
gone wild. Surgery incomplete,
the fat arm, the prognosis poor, I heard
them say.

During the sea blizzards
she had her
own portrait painted.
A cave of a mirror
placed on the south wall;
matching smile, matching contour.
And you resembled me; unacquainted
with my face, you wore it. But you were mine
after all.

I wintered in Boston,
childless bride,
nothing sweet to spare
with witches at my side.
I missed your babyhood,
tried a second suicide,
tried the sealed hotel a second year.
On April Fool you fooled me. We laughed and this
was good.

5.

I checked out for the last time
on the first of May;
graduate of the mental cases,
with my analyst's okay,
my complete book of rhymes,
my typewriter and my suitcases.

All that summer I learned life
back into my own
seven rooms, visited the swan boats,
the market, answered the phone,
served cocktails as a wife
should, made love among my petticoats

and August tan. And you came each
weekend. But I lie.
You seldom came. I just pretended
you, small piglet, butterfly
girl with jelly bean cheeks,
disobedient three, my splendid

stranger. And I had to learn
why I would rather
die than love, how your innocence
would hurt and how I gather
guilt like a young intern
his symptoms, his certain evidence.

That October day we went
to Gloucester the red hills
reminded me of the dry red fur fox
coat I played in as a child; stock-still
like a bear or a tent,
like a great cave laughing or a red fur fox.

We drove past the hatchery,
the hut that sells bait,
past Pigeon Cove, past the Yacht Club, past Squall's
Hill, to the house that waits
still, on the top of the sea,
and two portraits hang on opposite walls.

6.

In north light, my smile is held in place,
the shadow marks my bone.
What could I have been dreaming as I sat there,
all of me waiting in the eyes, the zone
of the smile, the young face,
the foxes' snare.

In south light, her smile is held in place,
her cheeks wilting like a dry
orchid; my mocking mirror, my overthrown
love, my first image. She eyes me from that face,
that stony head of death
I had outgrown.

The artist caught us at the turning;
we smiled in our canvas home
before we chose our foreknown separate ways.
The dry red fur fox coat was made for burning.
I rot on the wall, my own
Dorian Gray.

And this was the cave of the mirror,
that double woman who stares
at herself, as if she were petrified
in time – two ladies sitting in umber chairs.
You kissed your grandmother
and she cried.

7.

I could not get you back
except for weekends. You came

each time, clutching the picture of a rabbit
that I had sent you. For the last time I unpack
your things. We touch from habit.
The first visit you asked my name.
Now you stay for good. I will forget
how we bumped away from each other like marionettes
on strings. It wasn't the same
as love, letting weekends contain
us. You scrape your knee. You learn my name,
wobbling up the sidewalk, calling and crying.
You call me mother and I remember my mother again,
somewhere in greater Boston, dying.

I remember we named you Joyce
so we could call you Joy.
You came like an awkward guest
that first time, all wrapped and moist
and strange at my heavy breast.
I needed you. I didn't want a boy,
only a girl, a small milky mouse
of a girl, already loved, already loud in the house
of herself. We named you Joy.
I, who was never quite sure
about being a girl, needed another
life, another image to remind me.
And this was my worst guilt; you could not cure
nor soothe it. I made you to find me.

The Division of Parts

1.

Mother, my Mary Gray,
once resident of Gloucester
and Essex Country,
a photostat of your will
arrived in the mail today.
This is the division of money.
I am one third
of your daughters counting my bounty
or I am a queen alone
in the parlor still,
eating the bread and honey.
It is Good Friday.
Black birds pick at my window sill.

Your coat in my closet,
your bright stones on my hand,
the gaudy fur animals
I do not know how to use,
settle on me like a debt.
A week ago, while the hard March gales
beat on your house,

we sorted your things: obstacles
of letters, family silver,
eyeglasses and shoes.
Like some unseasoned Christmas, its scales
rigged and reset,
I bundled out with gifts I did not choose.

Now the hours of The Cross
rewind. In Boston, the devout
work their cold knees
toward that sweet martyrdom
that Christ planned. My timely loss
is too customary to note; and yet
I planned to suffer
and I cannot. It does not please
my yankee bones to watch
where the dying is done
in its ugly hours. Black birds peck
at my window glass
and Easter will take its ragged son.

The clutter of worship
that you taught me, Mary Gray,
is old. I imitate
a memory of belief
that I do not own. I trip
on your death and Jesus, my stranger
floats up over
my Christian home, wearing his straight
thorn tree. I have cast my lot
and am one third thief
of you. Time, that rearranger
of estates, equips
me with your garments, but not with grief.

2.

This winter when
cancer began its ugliness
I grieved with you each day
for three months
and found you in your private nook
of the medicinal palace
for New England Women
and never once
forgot how long it took.

I read to you
from *The New Yorker*, ate suppers
you wouldn't eat, fussed
with your flowers,
joked with your nurses, as if I
were the balm among lepers,

as if I could undo
a life in hours
if I never said goodbye.

But you turned old,
all your fifty-eight years sliding
like masks from your skull;
and at the end
I packed your nightgowns in suitcases,
paid the nurses, came riding
home as if I'd been told
I could pretend
people live in places.

3.

Since then I have pretended ease,
loved with the trickeries of need, but not enough
to shed my daughterhood
or sweeten him as a man.
I drink the five o'clock martinis
and poke at this dry page like a rough
goat. Fool! I fumble my lost childhood
for a mother and lounge in sad stuff
with love to catch and catch as catch can.

And Christ still waits. I have tried
to exorcise the memory of each event
and remain still, a mixed child,
heavy with cloths of you.
Sweet witch, you are my worried guide.
Such dangerous angels walk through Lent.
Their walls creak *Anne! Convert! Convert!*
My desk moves. Its cave murmurs Boo
and I am taken and beguiled.

Or wrong. For all the way I've come
I'll have to go again. Instead, I must convert
to love as reasonable
as Latin, as solid as earthenware:
an equilibrium
I never knew. And Lent will keep its hurt
for someone else. Christ knows enough
staunch guys have hitched on him in trouble,
thinking his sticks were badges to wear.

4.

Spring rusts on its skinny branch
and last summer's lawn
is soggy and brown.
Yesterday is just a number.
All of its winters avalanche

out of sight. What was, is gone.
Mother, last night I slept
in your Bonwit Teller nightgown.
Divided, you climbed into my head.
There in my jabbering dream
I heard my own angry cries
and I cursed you, *Dame
keep out of my slumber.
My good Dame, you are dead.*
And Mother, three stones
slipped from your glittering eyes.

Now it is Friday's noon
and I would still curse
you with my rhyming words
and bring you flapping back, old love,
old circus knitting, god-in-her-moon,
all fairest in my lang syne verse,
the gauzy bride among the children,
the fancy amid the absurd
and awkward, that horn for hounds
that skipper homeward, that museum
keeper of stiff starfish, that blaze
within the pilgrim woman,
a clown mender, a dove's
cheek among the stones,
my Lady of my first words,
this is the division of ways.

And now, while Christ stays
fastened to his Crucifix
so that love may praise
his sacrifice
and not the grotesque metaphor,
you come, a brave ghost, to fix
in my mind without praise
or paradise
to make me your inheritor.

from *All My Pretty Ones* (1962)

All My Pretty Ones

Father, this year's jinx rides us apart
where you followed our mother to her cold slumber;
a second shock boiling its stone to your heart,
leaving me here to shuffle and disencumber
you from the residence you could not afford:
a gold key, your half of a woolen mill,
twenty suits from Dunne's, an English Ford,
the love and legal verbiage of another will,

boxes of pictures of people I do not know.
I touch their cardboard faces. They must go.

But the eyes, as thick as wood in this album,
hold me. I stop here, where a small boy
waits in a ruffled dress for someone to come . . .
for this soldier who holds his bugle like a toy
or for this velvet lady who cannot smile.
Is this your father's father, this commodore
in a mailman suit? My father, time meanwhile
has made it unimportant who you are looking for.
I'll never know what these faces are all about.
I lock them into their book and throw them out.

This is the yellow scrapbook that you began
the year I was born; as crackling now and wrinkly
as tobacco leaves: clippings where Hoover outran
the Democrats, wiggling his dry finger at me
and Prohibition; news where the *Hindenburg* went
down and recent years where you went flush
on war. This year, solvent but sick, you meant
to marry that pretty widow in a one-month rush.
But before you had that second chance, I cried
on your fat shoulder. Three days later you died.

These are the snapshots of marriage, stopped in places.
Side by side at the rail toward Nassau now;
here, with the winner's cup at the speedboat races,
here, in tails at the Cotillion, you take a bow,
here, by our kennel of dogs with their pink eyes,
running like show-bred pigs in their chain-link pen;
here, at the horseshow where my sister wins a prize;
and here, standing like a duke among groups of men.
Now I fold you down, my drunkard, my navigator,
my first lost keeper, to love or look at later.

I hold a five-year diary that my mother kept
for three years, telling all she does not say
of your alcoholic tendency. You overslept,
she writes. My God, father, each Christmas Day
with your blood, will I drink down your glass
of wine? The diary of your hurly-burly years
goes to my shelf to wait for my age to pass.
Only in this hoarded span will love persevere.
Whether you are pretty or not, I outlive you,
bend down my strange face to yours and forgive you.

The Truth the Dead Know
For my mother, born March 1902, died March 1959
and my father, born February 1900, died June 1959

Gone, I say and walk from church,
refusing the stiff procession to the grave,

letting the dead ride alone in the hearse.
It is June. I am tired of being brave.

We drive to the Cape. I cultivate
myself where the sun gutters from the sky,
where the sea swings in like an iron gate
and we touch. In another country people die.

My darling, the wind falls in like stones
from the whitehearted water and when we touch
we enter touch entirely. No one's alone.
Men kill for this, or for as much.

And what of the dead? They lie without shoes
in their stone boats. They are more like stone
than the sea would be if it stopped. They refuse
to be blessed, throat, eye and knucklebone.

Young

A thousand doors ago
when I was a lonely kid
in a big house with four
garages and it was summer
as long as I could remember,
I lay on the lawn at night,
clover wrinkling under me,
the wise stars bedding over me,
my mother's window a funnel
of yellow heat running out,
my father's window, half shut,
an eye where sleepers pass,
and the boards of the house
were smooth and white as wax
and probably a million leaves
sailed on their strange stalks
as the crickets ticked together
and I, in my brand new body,
which was not a woman's yet,
told the stars my questions
and thought God could really see
the heat and the painted light,
elbows, knees, dreams, goodnight.

I Remember

By the first of August
the invisible beetles began
to snore and the grass was
as tough as hemp and was
no color – no more than
the sand was a color and

we had worn our bare feet
bare since the twentieth
of June and there were times
we forgot to wind up your
alarm clock and some nights
we took our gin warm and neat
from old jelly glasses while
the sun blew out of sight
like a red picture hat and
one day I tied my hair back
with a ribbon and you said
that I looked almost like
a puritan lady and what
I remember best is that
the door to your room was
the door to mine.

The Operation

1.

After the sweet promise,
the summer's mild retreat
from mother's cancer, the winter months of her death,
I come to this white office, its sterile sheet,
its hard tablet, its stirrups, to hold my breath
while I, who must, allow the glove its oily rape,
to hear the almost mighty doctor over me equate
my ills with hers
and decide to operate.

It grew in her
as simply as a child would grow,
as simply as she housed me once, fat and female.
Always my most gentle house before that embryo
of evil spread in her shelter and she grew frail.
Frail, we say, remembering fear, that face we wear
in the room of the special smells of dying, fear
where the snoring mouth gapes
and is not dear.

There was snow everywhere.
Each day I grueled through
its sloppy peak, its blue-struck days, my boots
slapping into the hospital halls, past the retinue
of nurses at the desk, to murmur in cahoots
with hers outside her door, to enter with the outside
air stuck on my skin, to enter smelling her pride,
her upkeep, and to lie
as all who love have lied.

No reason to be afraid,
my almost mighty doctor reasons.

I nod, thinking that woman's dying
must come in seasons,
thinking that living is worth buying.
I walk out, scuffing a raw leaf,
kicking the clumps of dead straw
that were this summer's lawn.
Automatically I get in my car,
knowing the historic thief
is loose in my house
and must be set upon.

2.

Clean of the body's hair,
I lie smooth from breast to leg.
All that was special, all that was rare
is common here. Fact: death too is in the egg.
Fact: the body is dumb, the body is meat.
And tomorrow the O.R. Only the summer was sweet.

The rooms down the hall are calling
all night long, while the night outside
sucks at the trees. I hear limbs falling
and see yellow eyes flick in the rain. Wide eyed
and still whole I turn in my bin like a shorn lamb.
A nurse's flashlight blinds me to see who I am.

The walls color in a wash
of daylight until the room takes its objects
into itself again. I smoke furtively and squash
the butt and hide it with my watch and other effects.
The halls bustle with legs. I smile at the nurse
who smiles for the morning shift. Day is worse.

Scheduled late, I cannot drink
or eat, except for yellow pills
and a jigger of water. I wait and think
until she brings two mysterious needles: the skills
she knows she knows, promising, soon you'll be out.
But nothing is sure. No one. I wait in doubt.

I wait like a kennel of dogs
jumping against their fence. At ten
she returns, laughs and catalogues
my resistance to drugs. On the stretcher, citizen
and boss of my own body still, I glide down the halls
and rise in the iron cage toward science and pitfalls.

The great green people stand
over me; I roll on the table
under a terrible sun, following their command
to curl, head touching knee if I am able.
Next, I am hung up like a saddle and they begin.
Pale as an angel I float out over my own skin.

I soar in hostile air
over the pure women in labor,
over the crowning heads of babies being born.
I plunge down the backstair
calling *mother* at the dying door,
to rush back to my own skin, tied where it was torn.
Its nerves pull like wires
snapping from the leg to the rib.
Strangers, their faces rolling like hoops, require
my arm. I am lifted into my aluminum crib.

3.

Skull flat, here in my harness,
thick with shock, I call mother
to help myself, call toe of frog,
that woolly bat, that tongue of dog;
call God help and all the rest.
The soul that swam the furious water
sinks now in flies and the brain
flops like a docked fish and the eyes
are flat boat decks riding out the pain.

My nurses, those starchy ghosts,
hover over me for my lame hours
and my lame days. The mechanics
of the body pump for their tricks.
I rest on their needles, am dosed
and snoring amid the orange flowers
and the eyes of visitors. I wear,
like some senile woman, a scarlet
candy package ribbon in my hair.

Four days from home I lurk on my
mechanical parapet with two pillows
at my elbows, as soft as praying cushions.
My knees work with the bed that runs
on power. I grumble to forget the lie
I ought to hear, but don't. God knows
I thought I'd die – but here I am,
recalling mother, the sound of her
good morning, the odor of orange and jam.

All's well, they say. They say I'm better.
I lounge in frills or, picturesque,
I wear bunny pink slippers in the hall.
I read a new book and shuffle past the desk
to mail the author my first fan letter.
Time now to pack this humpty-dumpty
back the frightened way she came
and run along, Anne, and run along now,
my stomach laced up like a football
for the game.

A Curse Against Elegies

Oh, love, why do we argue like this?
I am tired of all your pious talk.
Also, I am tired of all the dead.
They refuse to listen,
so leave them alone.
Take your foot out of the graveyard,
they are busy being dead.

Everyone was always to blame:
the last empty fifth of booze,
the rusty nails and chicken feathers
that stuck in the mud on the back doorstep,
the worms that lived under the cat's ear
and the thin-lipped preacher
who refused to call
except once on a flea-ridden day
when he came scuffing in through the yard
looking for a scapegoat.
I hid in the kitchen under the ragbag.

I refuse to remember the dead.
And the dead are bored with the whole thing.
But you – you go ahead,
go on, go on back down
into the graveyard,
lie down where you think their faces are;
talk back to your old bad dreams.

Housewife

Some women marry houses.
It's another kind of skin; it has a heart,
a mouth, a liver and bowel movements.
The walls are permanent and pink.
See how she sits on her knees all day,
faithfully washing herself down.
Men enter by force, drawn back like Jonah
into their fleshy mothers.
A woman is her mother.
That's the main thing.

The Fortress
while taking a nap with Linda

Under the pink quilted covers
I hold the pulse that counts your blood.
I think the woods outdoors
are half asleep,
left over from summer
like a stack of books after a flood,

left over like those promises I never keep.
On the right, the scrub pine tree
waits like a fruit store
holding up bunches of tufted broccoli.

We watch the wind from our square bed.
I press down my index finger –
half in jest, half in dread –
on the brown mole
under your left eye, inherited
from my right cheek: a spot of danger
where a bewitched worm ate its way through our soul
in search of beauty. My child, since July
the leaves have been fed
secretly from a pool of beet-red dye.

And sometimes they are battle green
with trunks as wet as hunters' boots,
smacked hard by the wind, clean
as oilskins. No,
the wind's not off the ocean.
Yes, it cried in your room like a wolf
and your pony tail hurt you. That was a long time ago.
The wind rolled the tide like a dying
woman. She wouldn't sleep,
she rolled there all night, grunting and sighing.

Darling, life is not in my hands;
life with its terrible changes
will take you, bombs or glands,
your own child at
your breast, your own house on your own land.
Outside the bittersweet turns orange.
Before she died, my mother and I picked those fat
branches, finding orange nipples
on the gray wire strands.
We weeded the forest, curing trees like cripples.

Your feet thump-thump against my back
and you whisper to yourself. Child,
what are you wishing? What pact
are you making?
What mouse runs between your eyes? What ark
can I fill for you when the world goes wild?
The woods are underwater, their weeds are shaking
in the tide; birches like zebra fish
flash by in a pack.
Child, I cannot promise that you will get your wish.

I cannot promise very much.
I give you the images I know.
Lie still with me and watch.
A pheasant moves
by like a seal, pulled through the mulch

by his thick white collar. He's on show
like a clown. He drags a beige feather that he removed,
one time, from an old lady's hat.
We laugh and we touch.
I promise you love. Time will not take away that.

From the Garden

Come, my beloved,
consider the lilies.
We are of little faith.
We talk too much.
Put your mouthful of words away
and come with me to watch
the lilies open in such a field,
growing there like yachts,
slowly steering their petals
without nurses or clocks.
Let us consider the view:
a house where white clouds
decorate the muddy halls.
Oh, put away your good words
and your bad words. Spit out
your words like stones!
Come here! Come here!
Come eat my pleasant fruits.

Old

I'm afraid of needles
I'm tired of rubber sheets and tubes.
I'm tired of faces that I don't know
and now I think that death is starting.
Death starts like a dream,
full of objects and my sister's laughter.
We are young and we are walking
and picking wild blueberries
all the way to Damariscotta.
Oh Susan, she cried,
you've stained your new waist.
Sweet taste –
my mouth so full
and the sweet blue running out
all the way to Damariscotta.
What are you doing? Leave me alone!
Can't you see I'm dreaming?
In a dream you are never eighty.

from Doors, Doors, Doors

1. Old Man

Old man, it's four flights up and for what?
Your room is hardly any bigger than your bed.
Puffing as you climb, you are a brown woodcut
stooped over the thin rail and the wornout tread.

The room will do. All that's left of the old life
is jampacked on shelves from floor to ceiling
like a supermarket: your books, your dead wife
generously fat in her polished frame, the congealing

bowl of cornflakes sagging in their instant milk,
your hot plate and your one luxury, a telephone.
You leave your door open, lounging in maroon silk
and smiling at the other roomers who live alone.
Well, almost alone. Through the old-fashioned wall
the fellow next door has a girl who comes to call.

Twice a week at noon during their lunch hour
they pause by your door to peer into your world.
They speak sadly as if the wine they carry would sour
or as if the mattress would not keep them curled

together, extravagantly young in their tight lock.
Old man, you are their father holding court
in the dingy hall until their alarm clock
rings and unwinds them. You unstopper the quart

of brandy you've saved, examining the small print
in the telephone book. The phone in your lap is all
that's left of your family name. Like a Romanoff prince
you stay the same in your small alcove off the hall.
Castaway, your time is a flat sea that doesn't stop,
with no new land to make for and no new stories to swap.

The Black Art

A woman who writes feels too much,
those trances and portents!
As if cycles and children and islands
weren't enough; as if mourners and gossips
and vegetables were never enough.
She thinks she can warn the stars.
A writer is essentially a spy.
Dear love, I am that girl.

A man who writes knows too much,
such spells and fetishes!
As if erections and congresses and products
weren't enough; as if machines and galleons
and wars were never enough.

With used furniture he makes a tree.
A writer is essentially a crook.
Dear love, you are that man.

Never loving ourselves,
hating even our shoes and our hats,
we love each other, *precious, precious*.
Our hands are light blue and gentle.
Our eyes are full of terrible confessions.
But when we marry,
the children leave in disgust.
There is too much food and no one left over
to eat up all the weird abundance.

In the Deep Museum

My God, my God, what queer corner am I in?
Didn't I die, blood running down the post,
lungs gagging for air, die there for the sin
of anyone, my sour mouth giving up the ghost?
Surely my body is done? Surely I died?
And yet, I know, I'm here. What place is this?
Cold and queer, I sting with life. I lied.
Yes, I lied. Or else in some damned cowardice
my body would not give me up. I touch
fine cloth with my hands and my cheeks are cold.
If this is hell, then hell could not be much,
neither as special nor as ugly as I was told.

What's that I hear, snuffling and pawing its way
toward me? Its tongue knocks a pebble out of place
as it slides in, a sovereign. How can I pray?
It is panting; it is an odor with a face
like the skin of a donkey. It laps my sores.
It is hurt, I think, as I touch its little head.
It bleeds. I have forgiven murderers and whores
and now I must wait like old Jonah, not dead
nor alive, stroking a clumsy animal. A rat.
His teeth test me; he waits like a good cook,
knowing his own ground. I forgive him that,
as I forgave my Judas the money he took.

Now I hold his soft red sore to my lips
as his brothers crowd in, hairy angels who take
my gift. My ankles are a flute. I lose hips
and wrists. For three days, for love's sake,
I bless this other death. Oh, not in air –
in dirt. Under the rotting veins of its roots,
under the markets, under the sheep bed where
the hill is food, under the slippery fruits
of the vineyard, I go. Unto the bellies and jaws
of rats I commit my prophecy and fear.

Far below The Cross, I correct its flaws.
We have kept the miracle. I will not be here.

For Eleanor Boylan Talking with God

God has a brown voice,
as soft and full as beer.
Eleanor, who is more beautiful than my mother,
is standing in her kitchen talking
and I am breathing in my cigarettes like poison.
She stands in her lemon-colored sun dress
motioning to God with her wet hands
glossy from the washing of egg plates.
She tells him! She tells him like a drunk
who doesn't need to see to talk.
It's casual but friendly.
God is as close as the ceiling.

Though no one can ever know,
I don't think he has a face.
He had a face when I was six and a half.
Now he is large, covering up the sky
like a great resting jellyfish.
When I was eight I thought the dead people
stayed up there like blimps.
Now my chair is as hard as a scarecrow
and outside the summer flies sing like a choir.
Eleanor, before he leaves tell him . . .
Oh Eleanor, Eleanor,
tell him before death uses you up.

from *Live or Die*
(1966)

Flee On Your Donkey
Ma faim, Anne, Anne,
Fuis sur ton âne . . . Rimbaud

Because there was no other place
to flee to,
I came back to the scene of the disordered senses,
came back last night at midnight,
arriving in the thick June night
without luggage or defenses,
giving up my car keys and my cash,
keeping only a pack of Salem cigarettes
the way a child holds on to a toy.
I signed myself in where a stranger
puts the inked-in X's –
for this is a mental hospital,
not a child's game.

Today an interne knocks my knees,
testing for reflexes.
Once I would have winked and begged for dope.
Today I am terribly patient.
Today crows play black-jack
on the stethoscope.

Everyone has left me
except my muse,
that good nurse.
She stays in my hand,
a mild white mouse.

The curtains, lazy and delicate,
billow and flutter and drop
like the Victorian skirts
of my two maiden aunts
who kept an antique shop.

Hornets have been sent.
They cluster like floral arrangements on the screen.
Hornets, dragging their thin stingers,
hover outside, all knowing,
hissing: *the hornet knows*.
I heard it as a child
but what was it that he meant?
The hornet knows!
What happened to Jack and Doc and Reggy?

Who remembers what lurks in the heart of man?
What did The Green Hornet mean, *he knows?*
Or have I got it wrong?
Is it The Shadow who had seen
me from my beside radio?

Now it's *Dinn, Dinn, Dinn!*
while the ladies in the next room argue
and pick their teeth.
Upstairs a girl curls like a snail;
in another room someone tries to eat a shoe;
meanwhile an adolescent pads up and down
the hall in his white tennis socks.
A new doctor makes rounds
advertising tranquilizers, insulin, or shock
to the uninitiated.

Six years of such small preoccupations!
Six years of shuttling in and out of this place!
O my hunger! My hunger!
I could have gone around the world twice
or had new children – all boys.
It was a long trip with little days in it
and no new places.

In here,
it's the same old crowd,
the same ruined scene.
The alcoholic arrives with his golf clubs.
The suicide arrives with extra pills sewn
into the lining of her dress.
The permanent guests have done nothing new.
Their faces are still small
like babies with jaundice.

Meanwhile,
they carried out my mother,
wrapped like somebody's doll, in sheets,
bandaged her jaw and stuffed up her holes.
My father, too. He went out on the rotten blood
he used up on other women in the Middle West.
He went out, a cured old alcoholic
on crooked feet and useless hands.
He went out calling for his father
who died all by himself long ago –
that fat banker who got locked up,
his genes suspended like dollars,
wrapped up in his secret,
tied up securely in a straitjacket.

But you, my doctor, my enthusiast,
were better than Christ;
you promised me another world
to tell me who
I was.

I spent most of my time,
a stranger,
damned and in trance – that little hut,
that naked blue-veined place,
my eyes shut on the confusing office,
eyes circling into my childhood,
eyes newly cut.
Years of hints
strung out – a serialized case history –
thirty-three years of the same dull incest
that sustained us both.
You, my bachelor analyst,
who sat on Marlborough Street,
sharing your office with your mother
and giving up cigarettes each New Year,
were the new God,
the manager of the Gideon Bible.

I was your third-grader
with a blue star on my forehead.
In trance I could be any age,
voice, gesture – all turned backward
like a drugstore clock.

Awake, I memorized dreams.
Dreams came into the ring
like third string fighters,
each one a bad bet
who might win
because there was no other.

I stared at them,
concentrating on the abyss
the way one looks down into a rock quarry,
uncountable miles down,
my hands swinging down like hooks
to pull dreams up out of their cage.
O my hunger! My hunger!

Once,
outside your office,
I collapsed in the old-fashioned swoon
between the illegally parked cars.
I threw myself down,
pretending dead for eight hours.
I thought I had died
into a snowstorm.
Above my head
chains cracked along like teeth
digging their way through the snowy street.
I lay there
like an overcoat
that someone had thrown away.
You carried me back in,
awkwardly, tenderly,
with the help of the red-haired secretary
who was built like a lifeguard.
My shoes,
I remember,
were lost in the snowbank
as if I planned never to walk again.

That was the winter
that my mother died,
half mad on morphine,
blown up, at last,
like a pregnant pig.
I was her dreamy evil eye.
In fact,
I carried a knife in my pocketbook –
my husband's good L. L. Bean hunting knife.
I wasn't sure if I should slash a tire
or scrape the guts out of some dream.

You taught me
to believe in dreams;
thus I was the dredger.
I held them like an old woman with arthritic fingers,

carefully straining the water out –
sweet dark playthings,
and above all, mysterious
until they grew mournful and weak.
O my hunger! My hunger!
I was the one
who opened the warm eyelid
like a surgeon
and brought forth young girls
to grunt like fish.

I told you,
I said –
but I was lying –
that the knife was for my mother . . .
and then I delivered her.

The curtains flutter out
and slump against the bars.
They are my two thin ladies
named Blanche and Rose.
The grounds outside
are pruned like an estate at Newport.
Far off, in the field,
something yellow grows.

Was it last month or last year
that the ambulance ran like a hearse
with its siren blowing on suicide –
Dinn, dinn, dinn! –
a noon whistle that kept insisting on life
all the way through the traffic lights?

I have come back
but disorder is not what it was.
I have lost the trick of it!
The innocence of it!
That fellow-patient in his stovepipe hat
with his fiery joke, his manic smile –
even he seems blurred, small and pale.
I have come back,
recommitted,
fastened to the wall like a bathroom plunger,
held like a prisoner
who was so poor
he fell in love with jail.

I stand at this old window
complaining of the soup,
examining the grounds,
allowing myself the wasted life.
Soon I will raise my face for a white flag,
and when God enters the fort,
I won't spit or gag on his finger.

I will eat it like a white flower.
Is this the old trick, the wasting away,
the skull that waits for its dose
of electric power?

This is madness
but a kind of hunger.
What good are my questions
in this hierarchy of death
where the earth and the stones go
Dinn! Dinn! Dinn!
It is hardly a feast.
It is my stomach that makes me suffer.

Turn, my hungers!
For once make a deliberate decision.
There are brains that rot here
like black bananas.
Hearts have grown as flat as dinner plates.
Anne, Anne,
flee on your donkey,
flee this sad hotel,
ride out on some hairy beast,
gallop backward pressing
your buttocks to his withers,
sit to his clumsy gait somehow.
Ride out
any old way you please!
In this place everyone talks to his own mouth.
That's what it means to be crazy.
Those I loved best died of it –
the fool's disease.

Consorting with Angels

I was tired of being a woman,
tired of the spoons and the pots,
tired of my mouth and my breasts,
tired of the cosmetics and the silks.
There were still men who sat at my table,
circled around the bowl I offered up.
The bowl was filled with purple grapes
and the flies hovered in for the scent
and even my father came with his white bone.
But I was tired of the gender of things.

Last night I had a dream
and I said to it . . .
'You are the answer.
You will outlive my husband and my father.'
In that dream there was a city made of chains
where Joan was put to death in man's clothes
and the nature of the angels went unexplained,

no two made in the same species,
one with a nose, one with an ear in its hand,
one chewing a star and recording its orbit,
each one like a poem obeying itself,
performing God's functions,
a people apart.

'You are the answer,'
I said, and entered,
lying down on the gates of the city.
Then the chains were fastened around me
and I lost my common gender and my final aspect.
Adam was on the left of me
and Eve was on the right of me,
both thoroughly inconsistent with the world of reason.
We wove our arms together
and rode under the sun.
I was not a woman anymore,
not one thing or the other.

O daughter of Jerusalem,
the king has brought me into his chamber.
I am black and I am beautiful.
I've been opened and undressed.
I have no arms or legs.
I'm all one skin like a fish.
I'm no more a woman
than Christ was a man.

Love Song

I was
the girl of the chain letter,
the girl full of talk of coffins and keyholes,
the one of the telephone bills,
the wrinkled photo and the lost connections,
the one who kept saying –
Listen! Listen!
We must never! We must never!
and all those things . . .

the one
with her eyes half under her coat,
with her large gun-metal blue eyes,
with the thin vein at the bend of her neck
that hummed like a tuning fork,
with her shoulders as bare as a building,
with her thin foot and her thin toes,
with an old red hook in her mouth,
the mouth that kept bleeding
into the terrible fields of her soul . . .

the one
who kept dropping off to sleep,
as old as a stone she was,
each hand like a piece of cement,
for hours and hours
and then she'd wake,
after the small death,
and then she'd be as soft as,
as delicate as . . .

as soft and delicate as
an excess of light,
with nothing dangerous at all,
like a beggar who eats
or a mouse on a rooftop
with no trap doors,
with nothing more honest
than your hand in her hand –
with nobody, nobody but you!
and all those things.
nobody, nobody but you!
Oh! There is no translating
that ocean,
that music,
that theater,
that field of ponies.

Sylvia's Death
for Sylvia Plath

O Sylvia, Sylvia,
with a dead box of stones and spoons,

with two children, two meteors
wandering loose in the tiny playroom,

with your mouth into the sheet,
into the roof beam, into the dumb prayer,

(Sylvia, Sylvia,
where did you go
after you wrote me
from Devonshire
about raising potatoes
and keeping bees?)

what did you stand by,
just how did you lie down into?

Thief! –
how did you crawl into,

crawl down alone
into the death I wanted so badly and for so long,

the death we said we both outgrew,
the one we wore on our skinny breasts,

the one we talked of so often each time
we downed three extra dry martinis in Boston,

the death that talked of analysts and cures,
the death that talked like brides with plots,

the death we drank to,
the motives and then the quiet deed?

(In Boston
the dying
ride in cabs,
yes death again,
that ride home
with *our* boy.)

O Sylvia, I remember the sleepy drummer
who beat on our eyes with an old story,

how we wanted to let him come
like a sadist or a New York fairy

to do his job,
a necessity, a window in a wall or a crib,

and since that time he waited
under our heart, our cupboard,

and I see now that we store him up
year after year, old suicides

and I know at the news of your death,
a terrible taste for it, like salt.

(And me,
me too.
And now, Sylvia,
you again
with death again,
that ride home
with *our* boy.)

And I say only
with my arms stretched out into that stone place,

what is your death
but an old belonging,

a mole that fell out
of one of your poems?

(O friend,
while the moon's bad,
and the king's gone,
and the queen's at her wit's end
the bar fly ought to sing!)

O tiny mother,
you too!
O funny duchess!
O blonde thing!

Protestant Easter

eight years old

When he was a little boy
Jesus was good all the time.
No wonder that he grew up to be such a big shot
who could forgive people so much.
When he died everyone was mean.
Later on he rose when no one else was looking.
Either he was hiding or else
he went up.
Maybe he was only hiding?
Maybe he could fly?

Yesterday I found a purple crocus
blowing its way out of the snow.
It was all alone.
It was getting its work done.
Maybe Jesus was only getting his work done
and letting God blow him off the Cross
and maybe he was afraid for a minute
so he hid under the big stones.
He was smart to go to sleep up there
even though his mother got so sad
and let them put him in a cave.
I sat in a tunnel when I was five.
That tunnel, my mother said,
went straight into the big river
and so I never went again.
Maybe Jesus knew my tunnel
and crawled right through to the river
so he could wash all the blood off.
Maybe he only meant to get clean
and then come back again?
Don't tell me that he went up in smoke
like Daddy's cigar!
He didn't blow out like a match!

It is special
being here at Easter
with the Cross they built like a capital T.
The ceiling is an upside-down rowboat.
I usually count its ribs.
Maybe he was drowning?
Or maybe we are all upside down?
I can see the face of a mouse inside
of all that stained-glass window.

Well, it could be a mouse!
Once I thought the Bunny Rabbit was special
and I hunted for eggs.
That's when I was seven.
I'm grownup now. Now it's really Jesus.
I just have to get Him straight.
And right now.

Who are we anyhow?
What do we belong to?
Are we a *we*?
I think that he rose
but I'm not quite sure
and they don't really say
singing their *Alleluia*
in the churchy way.
Jesus was on that Cross.
After that they pounded nails into his hands.
After that, well, after that,
everyone wore hats
and then there was a big stone rolled away
and then almost everyone –
the ones who sit up straight –
looked at the ceiling.

Alleluia they sing.
They don't know.
They don't care if he was hiding or flying.
Well, it doesn't matter how he got there.
It matters where he was going.
The important thing for me
is that I'm wearing white gloves.
I always sit straight,
I keep on looking at the ceiling.
And about Jesus,
they couldn't be sure of it,
not so sure of it anyhow,
so they decided to become Protestants.
Those are the people that sing
when they aren't quite
sure.

Menstruation at Forty

I was thinking of a son.
The womb is not a clock
nor a bell tolling,
but in the eleventh month of its life
I feel the November
of the body as well as of the calendar.
In two days it will be my birthday
and as always the earth is done with its harvest.

This time I hunt for death,
the night I lean toward,
the night I want.
Well then –
speak of it!
It was in the womb all along.

I was thinking of a son . . .
You! The never acquired,
the never seeded or unfastened,
you of the genitals I feared,
the stalk and the puppy's breath.
Will I give you my eyes or his?
Will you be the David or the Susan?
(Those two names I picked and listened for.)
Can you be the man your fathers are –
the leg muscles from Michelangelo,
hands from Yugoslavia,
somewhere the peasant, Slavic and determined,
somewhere the survivor, bulging with life –
and could it still be possible,
all this with Susan's eyes?

All this without you –
two days gone in blood.
I myself will die without baptism,
a third daughter they didn't bother.
My death will come on my name day.
What's wrong with the name day?
It's only an angel of the sun.
Woman,
weaving a web over your own,
a thin and tangled poison.
Scorpio,
bad spider –
die!

My death from the wrists,
two name tags,
blood worn like a corsage
to bloom
one on the left and one on the right –
It's a warm room,
the place of the blood.
Leave the door open on its hinges!

Two days for your death
and two days until mine.

Love! That red disease –
year after year, David, you would make me wild!
David! Susan! David! David!
full and disheveled, hissing into the night,
never growing old,

waiting always for you on the porch . . .
year after year,
my carrot, my cabbage,
I would have possessed you before all women,
calling your name,
calling you mine.

Wanting to Die

Since you ask, most days I cannot remember.
I walk in my clothing, unmarked by that voyage.
Then the almost unnameable lust returns.

Even then I have nothing against life.
I know well the grass blades you mention,
the furniture you have placed under the sun.

But suicides have a special language.
Like carpenters they want to know *which tools*.
They never ask *why build*.

Twice I have so simply declared myself,
have possessed the enemy, eaten the enemy,
have taken on his craft, his magic.

In this way, heavy and thoughtful,
warmer than oil or water,
I have rested, drooling at the mouth-hole.

I did not think of my body at needle point.
Even the cornea and the leftover urine were gone.
Suicides have already betrayed the body.

Still-born, they don't always die,
but dazzled, they can't forget a drug so sweet
that even children would look on and smile.

To thrust all that life under your tongue! –
that, all by itself, becomes a passion.
Death's a sad bone; bruised, you'd say,

and yet she waits for me, year after year,
to so delicately undo an old wound,
to empty my breath from its bad prison.

Balanced there, suicides sometimes meet,
raging at the fruit, a pumped-up moon,
leaving the bread they mistook for a kiss,

leaving the page of the book carelessly open,
something unsaid, the phone off the hook
and the love, whatever it was, an infection.

Little Girl, My String Bean, My Lovely Woman

My daughter, at eleven
(almost twelve), is like a garden.

Oh, darling! Born in that sweet birthday suit
and having owned it and known it for so long,
now you must watch high noon enter –
noon, that ghost hour.
Oh, funny little girl – this one under a blueberry sky,
this one! How can I say that I've known
just what you know and just where you are?

It's not a strange place, this odd home
where your face sits in my hand
so full of distance,
so full of its immediate fever.
The summer has seized you,
as when, last month in Amalfi, I saw
lemons as large as your desk-side globe –
that miniature map of the world –
and I could mention, too,
the market stalls of mushrooms
and garlic buds all engorged.
Or I think even of the orchard next door,
where the berries are done
and the apples are beginning to swell.
And once, with our first backyard,
I remember I planted an acre of yellow beans
we couldn't eat.

Oh, little girl,
my stringbean,
how do you grow?
You grow this way.
You are too many to eat.

I hear
as in a dream
the conversation of the old wives
speaking of *womanhood.*
I remember that I heard nothing myself.
I was alone.
I waited like a target.

Let high noon enter –
the hour of the ghosts.
Once the Romans believed
that noon was the ghost hour,
and I can believe it, too,
under that startling sun,
and someday they will come to you,
someday, men bare to the waist, young Romans
at noon where they belong,

with ladders and hammers
while no one sleeps.

But before they enter
I will have said,
Your bones are lovely,
and before their strange hands
there was always this hand that formed.

Oh, darling, let your body in,
let it tie you in,
in comfort.
What I want to say, Linda,
is that women are born twice.

If I could have watched you grow
as a magical mother might,
if I could have seen through my magical transparent belly,
there would have been such ripening within:
your embryo,
the seed taking on its own,
life clapping the bedpost,
bones from the pond,
thumbs and two mysterious eyes,
the awfully human head,
the heart jumping like a puppy,
the important lungs,
the becoming –
while it becomes!
as it does now,
a world of its own,
a delicate place.

I say hello
to such shakes and knockings and high jinks,
such music, such sprouts,
such dancing-mad-bears of music,
such necessary sugar,
such goings-on!

Oh, little girl,
my stringbean,
how do you grow?
You grow this way.
You are too many to eat.

What I want to say, Linda,
is that there is nothing in your body that lies.
All that is new is telling the truth.
I'm here, that somebody else,
an old tree in the background.

Darling,
stand still at your door,
sure of yourself, a white stone, a good stone –

as exceptional as laughter
you will strike fire,
that new thing!

Suicide Note

*You speak to me of narcissism but I reply that it is a matter
of my life...* Artaud
*At this time let me somehow bequeath all the leftovers to my
daughters and their daughters...* Anonymous

Better,
despite the worms talking to
the mare's hoof in the field;
better,
despite the season of young girls
dropping their blood;
better somehow
to drop myself quickly
into an old room.
Better (someone said)
not to be born
and far better
not to be born twice
at thirteen
where the boardinghouse,
each year a bedroom,
caught fire.

Dear friend,
I will have to sink with hundreds of others
on a dumbwaiter into hell.
I will be a light thing.
I will enter death
like someone's lost optical lens.
Life is half enlarged.
The fish and owls are fierce today.
Life tilts backward and forward.
Even the wasps cannot find my eyes.

Yes,
eyes that were immediate once.
Eyes that have been truly awake,
eyes that told the whole story –
poor dumb animals.
Eyes that were pierced,
little nail heads,
light blue gunshots.

And once with
a mouth like a cup,
clay colored or blood colored,
open like the breakwater
for the lost ocean

and open like the noose
for the first head.

Once upon a time
my hunger was for Jesus.
O my hunger! My hunger!
Before he grew old
he rode calmly into Jerusalem
in search of death.

This time
I certainly
do not ask for understanding
and yet I hope everyone else
will turn their heads when an unrehearsed fish jumps
on the surface of Echo Lake;
when moonlight,
its bass note turned up loud,
hurts some building in Boston,
when the truly beautiful lie together.
I think of this, surely,
and would think of it far longer
if I were not . . . if I were not
at that old fire.

I could admit
that I am only a coward
crying *me me me*
and not mention the little gnats, the moths,
forced by circumstance
to suck on the electric bulb.
But surely you know that everyone has a death,
his own death,
waiting for him.
So I will go now
without old age or disease,
wildly but accurately,
knowing my best route,
carried by that toy donkey I rode all these years,
never asking, 'Where are we going?'
We were riding (if I'd only known)
to this.

Dear friend,
please do not think
that I visualize guitars playing
or my father arching his bone.
I do not even expect my mother's mouth.
I know that I have died before –
once in November, once in June.
How strange to choose June again,
so concrete with its green breasts and bellies.
Of course guitars will not play!
The snakes will certainly not notice.

New York City will not mind.
At night the bats will beat on the trees,
knowing it all,
seeing what they sensed all the day.

Pain for a Daughter

Blind with love, my daughter
has cried nightly for horses,
those long-necked marchers and churners
that she has mastered, any and all,
reigning them in like a circus hand –
the excitable muscles and the ripe neck;
tending this summer, a pony and a foal.
She who is too squeamish to pull
a thorn from the dog's paw,
watched her pony blossom with distemper,
the underside of the jaw swelling
like an enormous grape.
Gritting her teeth with love,
she drained the boil and scoured it
with hydrogen peroxide until pus
ran like milk on the barn floor.

Blind with loss all winter,
in dungarees, a ski jacket and a hard hat,
she visits the neighbor's stable,
our acreage not zoned for barns;
they who own the flaming horses
and the swan-whipped thoroughbred
that she tugs at and cajoles,
thinking it will burn like a furnace
under her small-hipped English seat.

Blind with pain she limps home.
The thoroughbred has stood on her foot.
He rested there like a building.
He grew into her foot until they were one.
The marks of the horseshoe printed
into her flesh, the tips of her toes
ripped off like pieces of leather,
three toenails swirled like shells
and left to float in blood in her riding boot.

Blind with fear, she sits on the toilet,
her foot balanced over the washbasin,
her father, hydrogen peroxide in hand,
performing the rites of the cleansing.
She bites on a towel, sucked in breath,
sucked in and arched against the pain,
her eyes glancing off me where
I stand at the door, eyes locked
on the ceiling, eyes of a stranger,

and then she cries . . .
Oh my God, help me!
Where a child would have cried *Mama!*
Where a child would have believed *Mama!*
She bit the towel and called on God
and I saw her life stretch out . . .
I saw her torn in childbirth,
and I saw her, at that moment,
in her own death and I knew that she
knew.

The Addict

Sleepmonger,
deathmonger,
with capsules in my-palms each night,
eight at a time from sweet pharmaceutical bottles
I make arrangements for a pint-sized journey.
I'm the queen of this condition.
I'm an expert on making the trip
and now they say I'm an addict.
Now they ask why.
Why!

Don't they know
that I promised to die!
I'm keeping in practice.
I'm merely staying in shape.
The pills are a mother, but better,
every color and as good as sour balls.
I'm on a diet from death.

Yes, I admit
it has gotten to be a bit of a habit –
blows eight at a time, socked in the eye,
hauled away by the pink, the orange,
the green and the white goodnights.
I'm becoming something of a chemical
mixture.
That's it!

My supply
of tablets
has got to last for years and years.
I like them more than I like me.
Stubborn as hell, they won't let go.
It's a kind of marriage.
It's a kind of war
where I plant bombs inside
of myself.

Yes
I try

to kill myself in small amounts,
an innocuous occupation.
Actually I'm hung up on it.
But remember I don't make too much noise.
And frankly no one has to lug me out
and I don't stand there in my winding sheet.
I'm a little buttercup in my yellow nightie
eating my eight loaves in a row
and in a certain order as in
the laying on of hands
or the black sacrament.

It's a ceremony
but like any other sport
it's full of rules.
It's like a musical tennis match where
my mouth keeps catching the ball.
Then I lie on my altar
elevated by the eight chemical kisses.

What a lay me down this is
with two pink, two orange,
two green, two white goodnights.
Fee-fi-fo-fum –
Now I'm borrowed.
Now I'm numb.

Cripples and Other Stories

My doctor, the comedian
I called you every time
and made you laugh yourself
when I wrote this silly rhyme . . .

> *Each time I give lectures*
> *or gather in the grants*
> *you send me off to boarding school*
> *in training pants.*

God damn it, father-doctor.
I'm really thirty-six.
I see dead rats in the toilet.
I'm one of the lunatics.

Disgusted, mother put me
on the potty. She was good at this.
My father was fat on scotch.
It leaked from every orifice.

Oh the enemas of childhood,
reeking of outhouses and shame!
Yet you rock me in your arms
and whisper my nickname.

Or else you hold my hand
and teach me love too late.
And that's the hand of the arm
they tried to amputate.

Though I was almost seven
I was an awful brat.
I put it in the Easy Wringer.
It came out nice and flat.

It was an instant cripple
from my finger to my shoulder.
The laundress wept and swooned.
My mother had to hold her.

I knew I was a cripple
Of course, I'd known it from the start.
My father took the crowbar
and broke that wringer's heart.

The surgeons shook their heads.
They really didn't know –
Would the cripple inside of me
be a cripple that would show?

My father was a perfect man,
clean and rich and fat.
My mother was a brilliant thing.
She was good at that.

You hold me in your arms.
How strange that you're so tender!
Child-woman that I am,
you think that you can mend her.

As for the arm,
unfortunately it grew.
Though mother said a withered arm
would put me in *Who's Who*.

For years she described it.
She sang it like a hymn.
By then she loved the shrunken thing,
my little withered limb.

My father's cells clicked each night,
intent on making money.
And as for my cells, they brooded,
little queens, on honey.

On boys too, as a matter of fact,
and cigarettes and cars.
Mother frowned at my wasted life.
My father smoked cigars.

My cheeks blossomed with maggots.
I picked at them like pearls.

I covered them with pancake.
I wound my hair in curls.

My father didn't know me
but you kiss me in my fever.
My mother knew me twice
and then I had to leave her.

But those are just two stories
and I have more to tell
from the outhouse, the greenhouse
where you draw me out of hell.

Father, I'm thirty-six,
yet I lie here in your crib.
I'm getting born again, Adam,
as you prod me with your rib.

Live

Live or die, but don't poison everything . . .

Well, death's been here
for a long time –
it has a hell of a lot
to do with hell
and suspicion of the eye
and the religious objects
and how I mourned them
when they were made obscene
by my dwarf-heart's doodle.
The chief ingredient
is mutilation.
And mud, day after day,
mud like a ritual,
and the baby on the platter,
cooked but still human,
cooked also with little maggots,
sewn onto it maybe by somebody's mother,
the damn bitch!

Even so,
I kept right on going on,
a sort of human statement,
lugging myself as if
I were a sawed-off body
in the trunk, the steamer trunk.
This became a perjury of the soul.
It became an outright lie
and even though I dressed the body
it was still naked, still killed.
It was caught
in the first place at birth,
like a fish.

But I played it, dressed it up,
dressed it up like somebody's doll.

Is life something you play?
And all the time wanting to get rid of it?
And further, everyone yelling at you
to shut up. And no wonder!
People don't like to be told
that you're sick
and then be forced
to watch
you
come
down with the hammer.

Today life opened inside me like an egg
and there inside
after considerable digging
I found the answer.
What a bargain!
There was the sun,
her yolk moving feverishly,
tumbling her prize –
and you realize that she does this daily!
I'd known she was a purifier
but I hadn't thought
she was solid,
hadn't known she was an answer.
God! It's a dream,
lovers sprouting in the yard
like celery stalks
and better,
a husband straight as a redwood,
two daughters, two sea urchins,
picking roses off my hackles.
If I'm on fire they dance around it
and cook marshmallows.
And if I'm ice
they simply skate on me
in little ballet costumes.

Here,
all along,
thinking I was a killer,
anointing myself daily
with my little poisons.
But no.
I'm an empress.
I wear an apron.
My typewriter writes.
It didn't break the way it warned.
Even crazy, I'm as nice
as a chocolate bar.

Even with the witches' gymnastics
they trust my incalculable city,
my corruptible bed.

O dearest three,
I make a soft reply.
The witch comes on
and you paint her pink.
I come with kisses in my hood
and the sun, the smart one,
rolling in my arms.
So I say *Live*
and turn my shadow three times round
to feed our puppies as they come,
the eight Dalmatians we didn't drown,
despite the warnings: The abort! The destroy!
Despite the pails of water that waited
to drown them, to pull them down like stones,
they came, each one headfirst,
blowing bubbles the color of cataract-blue
and fumbling for the tiny tits.
Just last week, eight Dalmatians,
¾ of a lb., lined up like cord wood
each
like a
birch tree.
I promise to love more if they come,
because in spite of cruelty
and the stuffed railroad cars for the ovens,
I am not what I expected. Not an Eichmann.
The poison just didn't take.
So I won't hang around in my hospital shift,
repeating The Black Mass and all of it.
I say *Live*, *Live* because of the sun,
the dream, the excitable gift.

**from *Love Poems*
(1969)**

The Interrogation of the Man of Many Hearts

*Who's she,
that one in your arms?*

She's the one I carried my bones to
and built a house that was just a cot
and built a life that was over an hour
and built a castle where no one lives
and built, in the end, a song
to go with the ceremony.

Why have you brought her here?
Why do you knock on my door
with your little stories and songs?

I had joined her the way a man joins
a woman and yet there was no place
for festivities or formalities
and these things matter to a woman
and, you see, we live in a cold climate
and are not permitted to kiss on the street
so I made up a song that wasn't true.
I made up a song called *Marriage*.

You come to me out of wedlock
and kick your foot on my stoop
and ask me to measure such things?

Never. Never. Not my real wife.
She's my real witch, my fork, my mare,
my mother of tears, my skirtful of hell,
the stamp of my sorrows, the stamp of my bruises
and also the children she might bear
and also a private place, a body of bones
that I would honestly buy, if I could buy,
that I would marry, if I could marry.

And should I torment you for that?
Each man has a small fate allotted to him
and yours is a passionate one.

But I am in torment. We have no place.
The cot we share is almost a prison
where I can't say buttercup, bobolink,
sugarduck, pumpkin, love ribbon, locket,
valentine, summergirl, funnygirl and all
those nonsense things one says in bed.
To say I have bedded with her is not enough.
I have not only bedded her down.
I have tied her down with a knot.

Then why do you stick your fists
into your pockets? Why do you shuffle
your feet like a schoolboy?

For years I have tied this knot in my dreams.
I have walked through a door in my dreams
and she was standing there in my mother's apron.
Once she crawled through a window that was shaped
like a keyhole and she was wearing my daughter's
pink corduroys and each time I tied these women
in a knot. Once a queen came. I tied her too.
But this is something I have actually tied
and now I have made her fast.
I sang her out. I caught her down.
I stamped her out with a song.

There was no other apartment for it.
There was no other chamber for it.
Only the knot. The bedded-down knot.
Thus I have laid my hands upon her
and have called her eyes and her mouth
as mine, and also her tongue.

Why do you ask me to make choices?
I am not a judge or a psychologist.
You own your bedded-down knot.

And yet I have real daytimes and nighttimes
with children and balconies and a good wife.
Thus I have tied these other knots,
yet I would rather not think of them
when I speak to you of her. Not now.
If she were a room to rent I would pay.
If she were a life to save I would save.
Maybe I am a man of many hearts.

A man of many hearts?
Why then do you tremble at my doorway?
A man of many hearts does not need me.

I'm caught deep in the dye of her.
I have allowed you to catch me red-handed,
catch me with my wild oats in a wild clock
for my mare, my dove and my own clean body.
People might say I have snakes in my boots
but I tell you that just once am I in the stirrups,
just once, this once, in the cup.
The love of the woman is in the song.
I called her the woman in red.
I called her the girl in pink
but she was ten colors
and ten women.
I could hardly name her.

I know who she is.
You have named her enough.

Maybe I shouldn't have put it in words.
Frankly, I think I'm worse for this kissing,
drunk as a piper, kicking the traces
and determined to tie her up forever.
You see the song is the life,
the life I can't live.
God, even as he passes,
hands down monogamy like slang.
I wanted to write her into the law.
But, you know, there is no law for this.

Man of many hearts, you are a fooll
The clover has grown thorns this year
and robbed the cattle of their fruit

and the stones of the river
have sucked men's eyes dry,
season after season,
and every bed has been condemned,
not by morality or law,
but by time.

In Celebration of My Uterus

Everyone in me is a bird.
I am beating all my wings.
They wanted to cut you out
but they will not.
They said you were immeasurably empty
but you are not.
They said you were sick unto dying
but they were wrong.
You are singing like a school girl.
You are not torn.

Sweet weight,
in celebration of the woman I am
and of the soul of the woman I am
and of the central creature and its delight
I sing for you. I dare to live.
Hello, spirit. Hello, cup.
Fasten, cover. Cover that does contain.
Hello to the soil of the fields.
Welcome, roots.

Each cell has a life.
There is enough here to please a nation.
It is enough that the populace own these goods.
Any person, any commonwealth would say of it,
'It is good this year that we may plant again
and think forward to a harvest.
A blight had been forecast and has been cast out.'
Many women are singing together of this:
one is in a shoe factory cursing the machine,
one is at the aquarium tending a seal,
one is dull at the wheel of her Ford,
one is at the toll gate collecting,
one is tying the cord of a calf in Arizona,
one is straddling a cello in Russia,
one is shifting pots on the stove in Egypt,
one is painting her bedroom walls moon color,
one is dying but remembering a breakfast,
one is stretching on her mat in Thailand,
one is wiping the ass of her child,
one is staring out the window of a train
in the middle of Wyoming and one is
anywhere and some are everywhere and all

seem to be singing, although some can not
sing a note.

Sweet weight,
in celebration of the woman I am
let me carry a ten-foot scarf,
let me drum for the nineteen-year-olds,
let me carry bowls for the offering
(if that is my part).
Let me study the cardiovascular tissue,
let me examine the angular distance of meteors,
let me suck on the stems of flowers
(if that is my part).
Let me make certain tribal figures
(if that is my part).
For this thing the body needs
let me sing
for the supper,
for the kissing,
for the correct
yes.

For My Lover, Returning to His Wife

She is all there.
She was melted carefully down for you
and cast up from your childhood,
cast up from your one hundred favorite aggies.

She has always been there, my darling.
She is, in fact, exquisite.
Fireworks in the dull middle of February
and as real as a cast-iron pot.

Let's face it, I have been momentary.
A luxury. A bright red sloop in the harbor.
My hair rising like smoke from the car window.
Littleneck clams out of season.

She is more than that. She is your have to have,
has grown you your practical your tropical growth.
This is not an experiment. She is all harmony.
She sees to oars and oarlocks for the dinghy,

has placed wild flowers at the window at breakfast,
sat by the potter's wheel at midday,
set forth three children under the moon,
three cherubs drawn by Michelangelo,

done this with her legs spread out
in the terrible months in the chapel.
If you glance up, the children are there
like delicate balloons resting on the ceiling.

She has also carried each one down the hall
after supper, their heads privately bent,
two legs protesting, person to person,
her face flushed with a song and their little sleep.

I give you back your heart.
I give you permission –

for the fuse inside her, throbbing
angrily in the dirt, for the bitch in her
and the burying of her wound –
for the burying of her small red wound alive –

for the pale flickering flare under her ribs,
for the drunken sailor who waits in her left pulse,
for the mother's knee, for the stockings,
for the garter belt, for the call –

the curious call
when you will burrow in arms and breasts
and tug at the orange ribbon in her hair
and answer the call, the curious call.

She is so naked and singular.
She is the sum of yourself and your dream.
Climb her like a monument, step after step.
She is solid.

As for me, I am a watercolor.
I wash off.

It Is a Spring Afternoon

Everything here is yellow and green.
Listen to its throat, its earthskin,
the bone dry voices of the peepers
as they throb like advertisements.
The small animals of the woods
are carrying their deathmasks
into a narrow winter cave.
The scarecrow has plucked out
his two eyes like diamonds
and walked into the village.
The general and the postman
have taken off their packs.
This has all happened before
but nothing here is obsolete.
Everything here is possible.

Because of this
perhaps a young girl has laid down
her winter clothes and has casually
placed herself upon a tree limb
that hangs over a pool in the river.

She has been poured out onto the limb,
low above the houses of the fishes
as they swim in and out of her reflection
and up and down the stairs of her legs.
Her body carries clouds all the way home.
She is overlooking her watery face
in the river where blind men
come to bathe at midday.

Because of this
the ground, that winter nightmare,
has cured its sores and burst
with green birds and vitamins.
Because of this
the trees turn in their trenches
and hold up little rain cups
by their slender fingers.
Because of this
a woman stands by her stove
singing and cooking flowers.
Everything here is yellow and green.

Surely spring will allow
a girl without a stitch on
to turn softly in her sunlight
and not be afraid of her bed.
She has already counted seven
blossoms in her green green mirror.
Two rivers combine beneath her.
The face of the child wrinkles
in the water and is gone forever.
The woman is all that can be seen
in her animal loveliness.
Her cherished and obstinate skin
lies deeply under the watery tree.
Everything is altogether possible
and the blind men can also see.

Just Once

Just once I knew what life was for.
In Boston, quite suddenly, I understood;
walked there along the Charles River,
watched the lights copying themselves,
all neoned and strobe-hearted, opening
their mouths as wide as opera singers;
counted the stars, my little campaigners,
my scar daisies, and knew that I walked my love
on the night green side of it and cried
my heart to the eastbound cars and cried
my heart to the westbound cars and took
my truth across a small humped bridge

and hurried my truth, the charm of it, home
and hoarded these constants into morning
only to find them gone.

You All Know the Story of the Other Woman

It's a little Walden.
She is private in her breathbed
as his body takes off and flies,
flies straight as an arrow.
But it's a bad translation.
Daylight is nobody's friend.
God comes in like a landlord
and flashes on his brassy lamp.
Now she is just so-so.
He puts his bones back on,
turning the clock back an hour.
She knows flesh, that skin balloon,
the unbound limbs, the boards,
the roof, the removable roof.
She is his selection, part time.
You know the story too! Look,
when it is over he places her,
like a phone, back on the hook.

The Ballad of the Lonely Masturbator

The end of the affair is always death.
She's my workshop. Slippery eye,
out of the tribe of myself my breath
finds you gone. I horrify
those who stand by. I am fed.
At night, alone, I marry the bed.

Finger to finger, now she's mine.
She's not too far. She's my encounter.
I beat her like a bell. I recline
in the bower where you used to mount her.
You borrowed me on the flowered spread.
At night, alone, I marry the bed.

Take for instance this night, my love,
that every single couple puts together
with a joint overturning, beneath, above,
the abundant two on sponge and feather,
kneeling and pushing, head to head.
At night alone, I marry the bed.

I break out of my body this way,
an annoying miracle. Could I
put the dream market on display?
I am spread out. I crucify.

My little plum is what you said.
At night, alone, I marry the bed.

Then my black-eyed rival came.
The lady of water, rising on the beach,
a piano at her fingertips, shame
on her lips and a flute's speech.
And I was the knock-kneed broom instead.
At night, alone, I marry the bed.

She took you the way a woman takes
a bargain dress off the rack
and I broke the way a stone breaks.
I give back your books and fishing tack.
Today's paper says that you are wed.
At night, alone, I marry the bed.

The boys and girls are one tonight.
They unbutton blouses. They unzip flies.
They take off shoes. They turn off the light.
The glimmering creatures are full of lies.
They are eating each other. They are overfed.
At night, alone, I marry the bed.

Us

I was wrapped in black
fur and white fur and
you undid me and then
you placed me in gold light
and then you crowned me,
while snow fell outside
the door in diagonal darts.
While a ten-inch snow
came down like stars
in small calcium fragments,
we were in our own bodies
(that room that will bury us)
and you were in my body
(that room that will outlive us)
and at first I rubbed your
feet dry with a towel
because I was your slave
and then you called me princess.
Princess!

Oh then
I stood up in my gold skin
and I beat down the psalms
and I beat down the clothes
and you undid the bridle
and you undid the reins
and I undid the buttons,

the bones, the confusions,
the New England postcards,
the January ten o'clock night,
and we rose up like wheat,
acre after acre of gold,
and we harvested,
we harvested.

Mr. Mine

Notice how he has numbered the blue veins
in my breast. Moreover there are ten freckles.
Now he goes left. Now he goes right.
He is building a city, a city of flesh.
He's an industrialist. He has starved in cellars
and, ladies and gentlemen, he's been broken by iron,
by the blood, by the metal, by the triumphant
iron of his mother's death. But he begins again.
Now he constructs me. He is consumed by the city.
From the glory of boards he has built me up.
From the wonder of concrete he has molded me.
He has given me six hundred street signs.
The time I was dancing he built a museum.
He built ten blocks when I moved on the bed.
He constructed an overpass when I left.
I gave him flowers and he built an airport.
For traffic lights he handed out red and green
lollipops. Yet in my heart I am go children slow.

Song for a Lady

On the day of breasts and small hips
the window pocked with bad rain,
rain coming on like a minister,
we coupled, so sane and insane.
We lay like spoons while the sinister
rain dropped like flies on our lips
and our glad eyes and our small hips.

'The room is so cold with rain,' you said
and you, feminine you, with your flower
said novenas to my ankles and elbows.
You are a national product and power.
Oh my swan, my drudge, my dear wooly rose,
even a notary would notarize our bed
as you knead me and I rise like bread.

That Day

This is the desk I sit at
and this is the desk where I love you too much

and this is the typewriter that sits before me
where yesterday only your body sat before me
with its shoulders gathered in like a Greek chorus,
with its tongue like a king making up rules as he goes,
with its tongue quite openly like a cat lapping milk,
with its tongue – both of us coiled in its slippery life.
That was yesterday, that day.

That was the day of your tongue,
your tongue that came from your lips,
two openers, half animals, half birds
caught in the doorway of your heart.
That was the day I followed the king's rules,
passing by your red veins and your blue veins,
my hands down the backbone, down quick like a firepole,
hands between legs where you display your inner knowledge,
where diamond mines are buried and come forth to bury,
come forth more sudden than some reconstructed city.
It is complete within seconds, that monument.
The blood runs underground yet brings forth a tower.
A multitude should gather for such an edifice.
For a miracle one stands in line and throws confetti.
Surely The Press is here looking for headlines.
Surely someone should carry a banner on the sidewalk.
If a bridge is constructed doesn't the mayor cut a ribbon?
If a phenomenon arrives shouldn't the Magi come bearing gifts?
Yesterday was the day I bore gifts for your gift
and came from the valley to meet you on the pavement.
That was yesterday, that day.

That was the day of your face,
your face after love, close to the pillow, a lullaby.
Half asleep beside me letting the old fashioned rocker stop,
our breath became one, became a child-breath together,
while my fingers drew little o's on your shut eyes,
while my fingers drew little smiles on your mouth,
while I drew I LOVE YOU on your chest and its drummer
and whispered, 'Wake up!' and you mumbled in your sleep,
'Sh. We're driving to Cape Cod. We're heading for the Bourne
Bridge. We're circling around the Bourne Circle.' Bourne!
Then I knew you in your dream and prayed of our time
that I would be pierced and you would take root in me
and that I might bring forth your born, might bear
the you or the ghost of you in my little household.
Yesterday I did not want to be borrowed
but this is the typewriter that sits before me
and love is where yesterday is at.

Knee Song

Being kissed on the back
of the knee is a moth

at the windowscreen and
yes my darling a dot
on the fathometer is
tinkerbelle with her cough
and twice I will give up my
honor and stars will stick
like tacks in the night
yes oh yes yes yes two
little snails at the back
of the knee building bon-
fires something like eye-
lashes something two zippos
striking yes yes yes small
and me maker.

from Eighteen Days Without You

December 1st

As we kissed good-bye
you made a little frown.
Now Christ's lights are
twinkling all over town.
The cornstalks are broken
in the field, broken and brown.
The pond at the year's end
turns her gray eyelid down.
Christ's lights are
twinkling all over town.

A cat-green ice spreads
out over the front lawn.
The hemlocks are the only
young thing left. You are gone.
I hibernated under the covers
last night, not sleeping until dawn
came up like twilight and the oak leaves
whispered like money, those hangers on.
The hemlocks are the only
young thing left. You are gone.

December 11th

Then I think of you in bed,
your tongue half chocolate, half ocean,
of the houses that you swing into,
of the steel wool hair on your head,
of your persistent hands and then
how we gnaw at the barrier because we are two.

How you come and take my blood cup
and link me together and take my brine.
We are bare. We are stripped to the bone

and we swim in tandem and go up and up
the river, the identical river called Mine
and we enter together. No one's alone.

December 18th

Swift boomerang, come get!
I am delicate. You've been gone.
The losing has hurt me some, yet
I must bend for you. See me arch. I'm turned on.
My eyes are lawn-colored, my hair brunette.

Kiss the package, Mr. Bind!
Yes? Would you consider hurling yourself
upon me, rigorous but somehow kind?
I am laid out like paper on your cabin kitchen shelf.
So draw me a breast. I like to be underlined.

Look, lout! Say yes!
Draw me like a child. I shall need
merely two round eyes and a small kiss.
A small o. Two earrings would be nice. Then proceed
to the shoulder. You may pause at this.

Catch me. I'm your disease.
Please go slow all along the torso
drawing beads and mouths and trees
and o's, a little *graffiti* and a small *hello*
for I grab, I nibble, I lift, I please.

Draw me good, draw me warm.
Bring me your raw-boned wrist and your
strange, Mr. Bind, strange stubborn horn.
Darling, bring with this an hour of undulations, for
this is the music for which I was born.

Lock in! Be alert, my acrobat
and I will be soft wood and you the nail
and we will make fiery ovens for Jack Sprat
and you will hurl yourself into my tiny jail
and we will take a supper together and that
will be that.

from *Transformations*
(1971)

The Gold Key

The speaker in this case
is a middle-aged witch, me –
tangled on my two great arms,
my face in a book
and my mouth wide,

ready to tell you a story or two.
I have come to remind you,
all of you:
Alice, Samuel, Kurt, Eleanor,
Jane, Brian, Maryel,
all of you draw near.
Alice,
at fifty-six do you remember?
Do you remember when you
were read to as a child?
Samuel,
at twenty-two have you forgotten?
Forgotten the ten P.M. dreams
where the wicked king
went up in smoke?
Are you comatose?
Are you undersea?

Attention,
my dears,
let me present to you this boy.
He is sixteen and he wants some answers.
He is each of us.
I mean you.
I mean me.
It is not enough to read Hesse
and drink clam chowder,
we must have the answers.
The boys has found a gold key
and he is looking for what it will open.
This boy!
Upon finding a nickel
he would look for a wallet.
This boy!
Upon finding a string
he would look for a harp.
Therefore he holds the key tightly.
Its secrets whimper
like a dog in heat.
He turns the key.
Presto!
It opens this book of odd tales
which transform the Brothers Grimm.
Transform?
As if an enlarged paper clip
could be a piece of sculpture.
(And it could.)

Snow White and the Seven Dwarfs

No matter what life you lead
the virgin is a lovely number:

cheeks as fragile as cigarette paper,
arms and legs made of Limoges,
lips like Vin Du Phône,
rolling her china-blue doll eyes
open and shut.
Open to say,
Good Day Mama,
and shut for the thrust
of the unicorn.
She is unsoiled.
She is as white as a bonefish.

Once there was a lovely virgin
called Snow White.
Say she was thirteen.
Her stepmother,
a beauty in her own right,
though eaten, of course, by age,
would hear of no beauty surpassing her own.
Beauty is a simple passion,
but, oh my friends, in the end
you will dance the fire dance in iron shoes.
The stepmother had a mirror to which she referred –
something like the weather forecast –
a mirror that proclaimed
the one beauty of the land.
She would ask,
Looking glass upon the wall,
who is fairest of us all?
And the mirror would reply,
You are fairest of us all.
Pride pumped in her like poison.

Suddenly one day the mirror replied,
Queen, you are full fair, 'tis true,
but Snow White is fairer than you.
Until that moment Snow White
had been no more important
than a dust mouse under the bed.
But now the queen saw brown spots on her hand
and four whiskers over her lip
so she condemned Snow White
to be hacked to death.
Bring me her heart, she said to the hunter,
and I will salt it and eat it.
The hunter, however, let his prisoner go
and brought a boar's heart back to the castle.
The queen chewed it up like a cube steak.
Now I am fairest, she said,
lapping her slim white fingers.

Snow White walked in the wildwood
for weeks and weeks.

At each turn there were twenty doorways
and at each stood a hungry wolf,
his tongue lolling out like a worm.
The birds called out lewdly,
talking like pink parrots,
and the snakes hung down in loops,
each a noose for her sweet white neck.
On the seventh week
she came to the seventh mountain
and there she found the dwarf house.
It was as droll as a honeymoon cottage
and completely equipped with
seven beds, seven chairs, seven forks
and seven chamber pots.
Snow White ate seven chicken livers
and lay down, at last, to sleep.

The dwarfs, those little hot dogs,
walked three times around Snow White,
the sleeping virgin. They were wise
and wattled like small czars.
Yes. It's a good omen,
they said, and will bring us luck.
They stood on tiptoes to watch
Snow White wake up. She told them
about the mirror and the killer-queen
and they asked her to stay and keep house.
Beware of your stepmother,
they said.
Soon she will know you are here.
While we are away in the mines
during the day, you must not
open the door.

Looking glass upon the wall . . .
The mirror told
and so the queen dressed herself in rags
and went out like a peddler to trap Snow White.
She went across seven mountains.
She came to the dwarf house
and Snow White opened the door
and bought a bit of lacing.
The queen fastened it tightly
around her bodice,
as tight as an Ace bandage,
so tight that Snow White swooned.
She lay on the floor, a plucked daisy.
When the dwarfs came home they undid the lace
and she revived miraculously.
She was as full of life as soda pop.
Beware of your stepmother,
they said.
She will try once more.

Looking glass upon the wall . . .
Once more the mirror told
and once more the queen dressed in rags
and once more Snow White opened the door.
This time she bought a poison comb,
a curved eight-inch scorpion,
and put it in her hair and swooned again.
The dwarfs returned and took out the comb
and she revived miraculously.
She opened her eyes as wide as Orphan Annie.
Beware, beware, they said,
but the mirror told,
the queen came,
Snow White, the dumb bunny,
opened the door
and she bit into a poison apple
and fell down for the final time.
When the dwarfs returned
they undid her bodice,
they looked for a comb,
but it did no good.
Though they washed her with wine
and rubbed her with butter
it was to no avail.
She lay as still as a gold piece.

The seven dwarfs could not bring themselves
to bury her in the black ground
so they made a glass coffin
and set it upon the seventh mountain
so that all who passed by
could peek in upon her beauty.
A prince came one June day
and would not budge.
He stayed so long his hair turned green
and still he would not leave.
The dwarfs took pity upon him
and gave him the glass Snow White –
its doll's eyes shut forever –
to keep in his far-off castle.
As the prince's men carried the coffin
they stumbled and dropped it
and the chunk of apple flew out
of her throat and she woke up miraculously.

And thus Snow White became the prince's bride.
The wicked queen was invited to the wedding feast
and when she arrived there were
red-hot iron shoes,
in the manner of red-hot roller skates,
clamped upon her feet.
First your toes will smoke
and then your heels will turn black

and you will fry upward like a frog,
she was told.
And so she danced until she was dead,
a subterranean figure,
her tongue flicking in and out
like a gas jet.
Meanwhile Snow White held court,
rolling her china-blue doll eyes open and shut
and sometimes referring to her mirror
as women do.

Rapunzel

A woman
who loves a woman
is forever young.
The mentor
and the student
feed off each other.
Many a girl
had an old aunt
who locked her in the study
to keep the boys away.
They would play rummy
or lie on the couch
and touch and touch.
Old breast against young breast . . .

Let your dress fall down your shoulder,
come touch a copy of you
for I am at the mercy of rain,
for I have left the three Christs of Ypsilanti,
for I have left the long naps of Ann Arbor
and the church spires have turned to stumps.
The sea bangs into my cloister
for the young politicians are dying,
are dying so hold me, my young dear,
hold me . . .

The yellow rose will turn to cinder
and New York City will fall in
before we are done so hold me,
my young dear, hold me.
Put your pale arms around my neck.
Let me hold your heart like a flower
lest it bloom and collapse.
Give me your skin
as sheer as a cobweb,
let me open it up
and listen in and scoop out the dark.
Give me your nether lips
all puffy with their art

and I will give you angel fire in return.
We are two clouds
glistening in the bottle glass.
We are two birds
washing in the same mirror.
We were fair game
but we have kept out of the cesspool.
We are strong.
We are the good ones.
Do not discover us
for we lie together all in green
like pond weeds.
Hold me, my young dear, hold me.

They touch their delicate watches
one at a time.
They dance to the lute
two at a time.
They are as tender as bog moss.
They play mother-me-do
all day.
A woman
who loves a woman
is forever young.
Once there was a witch's garden
more beautiful than Eve's
with carrots growing like little fish,
with many tomatoes rich as frogs,
onions as ingrown as hearts,
the squash singing like a dolphin
and one patch given over wholly to magic –
rampion, a kind of salad root,
a kind of harebell more potent than penicillin,
growing leaf by leaf, skin by skin,
as rapt and as fluid as Isadora Duncan.
However the witch's garden was kept locked
and each day a woman who was with child
looked upon the rampion wildly,
fancying that she would die
if she could not have it.
Her husband feared for her welfare
and thus climbed into the garden
to fetch the life-giving tubers.

Ah ha, cried the witch,
whose proper name was Mother Gothel,
you are a thief and now you will die.
However they made a trade,
typical enough in those times.
He promised his child to Mother Gothel,
so of course when it was born
she took the child away with her.
She gave the child the name Rapunzel,

another name for the life-giving rampion.
Because Rapunzel was a beautiful girl
Mother Gothel treasured her beyond all things.
As she grew older Mother Gothel thought:
None but I will ever see her or touch her.
She locked her in a tower without a door
or a staircase. It had only a high window.
When the witch wanted to enter she cried:
Rapunzel, Rapunzel, let down your hair.
Rapunzel's hair fell to the ground like a rainbow.
It was as yellow as a dandelion
and as strong as a dog leash.
Hand over hand she shinnied up
the hair like a sailor
and there in the stone-cold room,
as cold as a museum,
Mother Gothel cried:
Hold me, my young dear, hold me,
and thus they played mother-me-do.

Years later a prince came by
and heard Rapunzel singing in her loneliness.
That song pierced his heart like a valentine
but he could find no way to get to her.
Like a chameleon he hid himself among the trees
and watched the witch ascend the swinging hair.
The next day he himself called out:
Rapunzel, Rapunzel, let down your hair,
and thus they met and he declared his love.
What is this beast, she thought,
with muscles on his arms
like a bag of snakes?
What is this moss on his legs?
What prickly plant grows on his cheeks?
What is this voice as deep as a dog?
Yet he dazzled her with his answers.
Yet he dazzled her with his dancing stick.
They lay together upon the yellowy threads,
swimming through them
like minnows through kelp
and they sang out benedictions like the Pope.

Each day he brought her a skein of silk
to fashion a ladder so they could both escape.
But Mother Gothel discovered the plot
and cut off Rapunzel's hair to her ears
and took her into the forest to repent.
When the prince came the witch fastened
the hair to a hook and let it down.
When he saw that Rapunzel had been banished
he flung himself out of the tower, a side of beef.
He was blinded by thorns that pricked him like tacks.
As blind as Oedipus he wandered for years

until he heard a song that pierced his heart
like that long-ago valentine.
As he kissed Rapunzel her tears fell on his eyes
and in the manner of such cure-alls
his sight was suddenly restored.

They lived happily as you might expect
proving that mother-me-do
can be outgrown,
just as the fish on Friday,
just as a tricycle.
The world, some say,
is made up of couples.
A rose must have a stem.

As for Mother Gothel,
her heart shrank to the size of a pin,
never again to say: Hold me, my young dear,
hold me,
and only as she dreamt of the yellow hair
did moonlight sift into her mouth.

Iron Hans

Take a lunatic
for instance,
with Saint Averton, the patron saint,
a lunatic wearing that strait jacket
like a sleeveless sweater,
singing to the wall like Muzak,
Low he walks east to west,
west to east again
like a fish in an aquarium.
And if they stripped him bare
he would fasten his hands around your throat.
After that he would take your corpse
and deposit his sperm in three orifices.
You know, I know,
you'd run away.

I am mother of the insane.
Let me give you my children:

Take a girl sitting in a chair
like a china doll.
She doesn't say a word.
She doesn't even twitch.
She's as still as furniture.
And you'll move off.

Take a man who is crying
over and over,
his face like a sponge.
You'll move off.

Take a woman talking,
purging herself with rhymes,
drumming words out like a typewriter,
planting words in you like grass seed.
You'll move off.

Take a man full of suspicions
saying: Don't touch this,
you'll be electrocuted.
Wipe off this glass three times.
There is arsenic in it.
I hear messages from God
through the fillings in my teeth.

Take a boy on a bridge.
One hundred feet up. About to jump,
thinking: This is my last ball game.
This time it's a home run.
Wanting the good crack of the bat.
Wanting to throw his body away
like a corn cob.
And you'll move off.

Take an old lady in a cafeteria
staring at the meat loaf,
crying: Mama! Mama!
And you'll move off.

Take a man in a cage
wetting his pants,
beating on that crib,
breaking his iron hands in two.
And you'll move off.

Clifford, Vincent, Friedrich,
my scooter boys,
deep in books,
long before you were mad.
Zelda, Hannah, Renée.
Moon girls,
where did you go?

There once was a king
whose forest was bewitched.
All the huntsmen,
all the hounds,
disappeared in it like soap bubbles.
A brave huntsman and his dog
entered one day to test it.
The dog drank from a black brook;
as he lapped an arm reached out
and pulled him under.
The huntsman emptied the pool
pail by pail by pail

and at the bottom lay
a wild man,
his body rusty brown.
His hair covering his knees.
Perhaps he was no more dangerous
than a hummingbird;
perhaps he was Christ's boy-child;
perhaps he was only bruised like an apple
but he appeared to them to be a lunatic.
The king placed him in a large iron cage
in the courtyard of his palace.
The court gathered around the wild man
and munched peanuts and sold balloons
and not until he cried out:
Agony! Agony!
did they move off.

The king's son
was playing with his ball one day
and it rolled into the iron cage.
It appeared as suddenly as a gallstone.
The wild man did not complain.
He talked calmly to the boy
and convinced him to unlock the cage.
The wild man carried him and his ball
piggyback off into the woods
promising him good luck and gold for life.

The wild man set the boy at a golden spring
and asked him to guard it from a fox
or a feather that might pollute it.
The boy agreed and took up residence there.
The first night he dipped his finger in.
It turned to gold; as gold as a fountain pen,
but the wild man forgave him.
The second night he bent to take a drink
 and his hair got wet, turning as gold
as Midas' daughter.
As stiff as the Medusa hair of a Greek statue.
This time the wild man could not forgive him.
He sent the boy out into the world.
But if you have great need, he said,
you may come into the forest and call *Iron Hans*
and I will come to help you for you
were the only one who was kind
to this accursed bull of a wild man.

The boy went out into the world,
his gold hair tucked under a cap.
He found work as a gardener's boy
at a far-off castle. All day set out
under the red ball to dig and weed.
One day he picked some wildflowers

for the princess and took them to her.
She demanded he take off his cap
in her presence. You look like a jester,
she taunted him, but he would not.
You look like a bird, she taunted him,
and snatched off the cap.
His hair fell down with a clang.
It fell down like a moon chain
and it delighted her.
The princess fell in love.

Next there was a war
that the king was due to lose.
The boy went into the forest
and called out: Iron Hans, Iron Hans,
and the wild man appeared.
He gave the boy a black charger,
a sword as sharp as a guillotine
and a great body of black knights.
They went forth and cut the enemy down
like a row of cabbage heads.
Then they vanished.
The court talked of nothing
but the unknown knight in a cap.
The princess thought of the boy
but the head gardener said:
Not he. He had only a three-legged horse.
He could have done better with a stork.
Three days in a row,
the princess, hoping to lure him back,
threw a gold ball.
Remember back,
the boy was good at losing balls
but was he good at catching them?
Three days running the boy,
thanks to Iron Hans,
performed like Joe Dimaggio.
And thus they were married.

At the wedding feast
the music stopped suddenly
and a door flew open
and a proud king walked in
and embraced the boy.
Of course
it was Iron Hans.
He had been bewitched
and the boy had broken the spell.
He who slays the warrior
and captures the maiden's heart
undoes the spell.
He who kills his father

and thrice wins his mother
undoes the spell.

Without Thorazine
or benefit of psychotherapy
Iron Hans was transformed.
No need for Master Medical;
no need for electroshock –
merely bewitched all along.
Just as the frog who was a prince.
Just as the madman his simple boyhood.

When I was a wild man,
Iron Hans said,
I tarnished all the world.
I was the infector.
I was the poison breather.
I was a professional,
but you have saved me
from the awful babble
of that calling.

The Little Peasant

Oh how the women
grip and stretch
fainting on the horn.

The men and women
cry to each other.
Touch me,
my pancake,
and make me young.
And thus
like many of us,
the parson
and the miller's wife
lie down in sin.

The women cry,
Come, my fox,
heal me.
I am chalk white
with middle age
so wear me threadbare,
wear me down,
wear me out.
Lick me clean,
as clean as an almond.

The men cry,
Come, my lily,
my fringy queen,
my gaudy dear,

salt me a bird
and be its noose.
Bounce me off
like a shuttlecock.
Dance me dingo-sweet
for I am your lizard,
your sly thing.

Long ago
there was a peasant
who was poor but crafty.
He was not yet a voyeur.
He had yet to find
the miller's wife
at her game.
Now he had not enough
cabbage for supper
nor clover for his one cow.
So he slaughtered the cow
and took the skin
to town.
It was worth no more
than a dead fly
but he hoped for profit.

On his way
he came upon a raven
with damaged wings.
It lay as crumpled as
a wet washcloth.
He said, Come little fellow,
you're part of my booty.

On his way
there was a fierce storm.
Hail jabbed the little peasant's cheeks
like toothpicks.
So he sought shelter at the miller's house.
The miller's wife gave him only
a hunk of stale bread
and let him lie down on some straw.
The peasant wrapped himself and the raven
up in the cowhide
and pretended to fall asleep.

When he lay
as still as a sausage
the miller's wife
let in the parson, saying,
My husband is out
so we shall have a feast.
Roast meat, salad, cakes and wine.
The parson,
his eyes as black as caviar,

said, Come, my lily,
my fringy queen.
The miller's wife,
her lips as red as pimientos,
said, Touch me, my pancake,
and wake me up.
And thus they ate.
And thus
they dingoed-sweet.

Then the miller
was heard stomping on the doorstep
and the miller's wife
hid the food about the house
and the parson in the cupboard.

The miller asked, upon entering,
What is that dead cow doing in the corner?
The peasant spoke up.
It is mine.
I sought shelter from the storm.
You are welcome, said the miller,
but my stomach is as empty as a flour sack.
His wife told him she had no food
but bread and cheese.
So be it, the miller said,
and the three of them ate.

The miller looked once more
at the cowskin
and asked its purpose.
The peasant answered,
I hide my soothsayer in it.
He knows five things about you
but the fifth he keeps to himself.
The peasant pinched the raven's head
and it croaked, Krr. Krr.
That means, translated the peasant,
there is wine under the pillow.
And there it sat
as warm as a specimen.

Krr. Krr.
They found the roast meat under the stove.
It lay there like an old dog.
Krr. Krr.
They found the salad in the bed
and the cakes under it.
Krr. Krr.

Because of all this
the miller burned to know the fifth thing.
How much? he asked,
little caring he was being milked.

They settled on a large sum
and the soothsayer said,
The devil is in the cupboard.
And the miller unlocked it.
Krr. Krr.

There stood the parson,
rigid for a moment,
as real as a soup can
and then he took off like a fire
with the wind at its back.
I have tricked the devil,
cried the miller with delight,
and I have tweaked his chin whiskers.
I will be as famous as the king.

The miller's wife
smiled to herself.
Though never again to dingo-sweet
her secret was as safe
as a fly in an outhouse.

The sly little peasant
strode home the next morning,
a soothsayer over his shoulder
and gold pieces knocking like marbles
in his deep pants pocket.
Krr. Krr.

Briar Rose (Sleeping Beauty)

Consider
a girl who keeps slipping off,
arms limp as old carrots,
into the hypnotist's trance,
into a spirit world
speaking with the gift of tongues.
She is stuck in the time machine,
suddenly two years old sucking her thumb,
as inward as a snail,
learning to talk again.
She's on a voyage.
She is swimming further and further back,
up like a salmon,
struggling into her mother's pocketbook.
Little doll child,
come here to Papa.
Sit on my knee.
I have kisses for the back of your neck.
A penny for your thoughts, Princess.
I will hunt them like an emerald.
Come be my snooky
and I will give you a root.

That kind of voyage,
rank as honeysuckle.

Once
a king had a christening
for his daughter Briar Rose
and because he had only twelve gold plates
he asked only twelve fairies
to the grand event.
The thirteenth fairy,
her fingers as long and thin as straws,
her eyes burnt by cigarettes,
her uterus an empty teacup,
arrived with an evil gift.
She made this prophecy:
The princess shall prick herself
on a spinning wheel in her fifteenth year
and then fall down dead.
Kaputt!
The court fell silent.
The king looked like Munch's *Scream*.
Fairies' prophecies,
in times like those,
held water.
However the twelfth fairy
had a certain kind of eraser
and thus she mitigated the curse
changing that death
into a hundred-year sleep.

The king ordered every spinning wheel
exterminated and exorcized.
Briar Rose grew to be a goddess
and each night the king
bit the hem of her gown
to keep her safe.
He fastened the moon up
with a safety pin
to give her perpetual light.
He forced every male in the court
to scour his tongue with Bab-o
lest they poison the air she dwelt in.
Thus she dwelt in his odor.
Rank as honeysuckle.

On her fifteenth birthday
she pricked her finger
on a charred spinning wheel
and the clocks stopped.
Yes indeed. She went to sleep.
The king and queen went to sleep,
the courtiers, the flies on the wall.
The fire in the hearth grew still

and the roast meat stopped crackling.
The trees turned into metal
and the dog became china.
They all lay in a trance,
each a catatonic
stuck in the time machine.
Even the frogs were zombies.
Only a bunch of briar roses grew
forming a great wall of tacks
around the castle.
Many princes
tried to get through the brambles
for they had heard much of Briar Rose
but they had not scoured their tongues
so they were held by the thorns
and thus were crucified.
In due time
a hundred years passed
and a prince got through.
The briars parted as if for Moses
and the prince found the tableau intact.
He kissed Briar Rose
and she woke up crying:
Daddy! Daddy!
Presto! She's out of prison!
She married the prince
and all went well
except for the fear –
the fear of sleep.

Briar Rose
was an insomniac . . .
She could not nap
or lie in sleep
without the court chemist
mixing her some knock-out drops
and never in the prince's presence.
If it is to come, she said,
sleep must take me unawares
while I am laughing or dancing
so that I do not know that brutal place
where I lie down with cattle prods
the hole in my cheek open.
Further, I must not dream
for when I do I see the table set
and a faltering crone at my place,
her eyes burnt by cigarettes
as she eats betrayal like a slice of meat.

I must not sleep
for while asleep I'm ninety
and think I'm dying.
Death rattles in my throat

like a marble.
I wear tubes like earrings.
I lie as still as a bar of iron.
You can stick a needle
through my kneecap and I won't flinch.
I'm all shot up with Novocain.
This trance girl
is yours to do with.
You could lay her in a grave,
an awful package,
and shovel dirt on her face
and she'd never call back: Hello there!
But if you kissed her on the mouth
her eyes would spring open
and she'd call out: Daddy! Daddy!
Presto!
She's out of prison.

There was a theft.
That much I am told.
I was abandoned.
That much I know.
I was forced backward.
I was forced forward.
I was passed hand to hand
like a bowl of fruit.
Each night I am nailed into place
and I forget who I am.
Daddy?
That's another kind of prison.
It's not the prince at all,
but my father
drunkenly bent over my bed,
circling the abyss like a shark,
my father thick upon me
like some sleeping jellyfish.
What voyage this, little girl?
This coming out of prison?
God help –
this life after death?

**from *The Book of Folly*
(1972)**

The Ambition Bird

So it has come to this –
insomnia at 3:15 a.m.,
the clock tolling its engine

like a frog following
a sundial yet having an electric
seizure at the quarter hour.

The business of words keeps me awake.
I am drinking cocoa,
that warm brown mama.

I would like a simple life
yet all night I am laying
poems away in a long box.

It is my immortality box,
my lay-away plan,
my coffin.

All night dark wings
flopping in my heart.
Each an ambition bird.

The bird wants to be dropped
from a high place like Tallahatchie Bridge.

He wants to light a kitchen match
and immolate himself.

He wants to fly into the hand of Michelangelo
and come out painted on a ceiling.

He wants to pierce the hornet's nest
and come out with a long godhead.

He wants to take bread and wine
and bring forth a man happily floating in the Caribbean.

He wants to be pressed out like a key
so he can unlock the Magi.

He wants to take leave among strangers
passing out bits of his heart like hors d'oeuvres.

He wants to die changing his clothes
and bolt for the sun like a diamond.

He wants, I want.
Dear God, wouldn't it be
good enough to just drink cocoa?

I must get a new bird
and a new immortality box.
There is folly enough inside this one.

Mother and Daughter

Linda, you are leaving
your old body now.
It lies flat, an old butterfly,
all arm, all leg, all wing,
loose as an old dress.
I reach out toward it but
my fingers turn to cankers

and I am motherwarm and used,
just as your childhood is used.
Question you about this
and you hold up pearls.
Question you about this
and you pass by armies.
Question you about this –
you with your big clock going,
its hands wider than jackstraws –
and you'll sew up a continent.

Now that you are eighteen
I give you my booty, my spoils,
my Mother & Co. and my ailments.
Question you about this
and you'll not know the answer –
the muzzle at the mouth,
the hopeful tent of oxygen,
the tubes, the pathways,
the war and the war's vomit.
Keep on, keep on, keep on,
carrying keepsakes to the boys,
carrying powders to the boys,
carrying, my Linda, blood to
the bloodletter.

Linda, you are leaving
your old body now.
You've picked my pocket clean
and you've racked up all my
poker chips and left me empty
and, as the river between us
narrows, you do calisthenics,
that womanly leggy semaphore.
Question you about this
and you will sew me a shroud
and hold up Monday's broiler
and thumb out the chicken gut.
Question you about this
and you will see my death
drooling at these gray lips
while you, my burglar, will eat
fruit and pass the time of day.

The Wifebeater

There will be mud on the carpet tonight
and blood in the gravy as well.
The wifebeater is out,
the childbeater is out
eating soil and drinking bullets from a cup.
He strides back and forth

in front of my study window
chewing little red pieces of my heart.
His eyes flash like a birthday cake
and he makes bread out of rock.

Yesterday he was walking
like a man in the world.
He was upright and conservative
but somehow evasive, somehow contagious.
Yesterday he built me a country
and laid out a shadow where I could sleep
but today a coffin for the madonna and child,
today two women in baby clothes will be hamburg.

With a tongue like a razor he will kiss,
the mother, the child,
and we three will color the stars black
in memory of his mother
who kept him chained to the food tree
or turned him on and off like a water faucet
and made *women* through all these hazy years
the enemy with a heart of lies.
Tonight all the red dogs lie down in fear
and the wife and daughter knit into each other
until they are killed.

from The Death of the Fathers

1. Oysters

Oysters we ate,
sweet blue babies,
twelve eyes looked up at me,
running with lemon and Tabasco.
I was afraid to eat this father-food
and Father laughed
and drank down his martini,
clear as tears.
It was a soft medicine
that came from the sea into my mouth,
moist and plump.
I swallowed.
It went down like a large pudding.
Then I ate one o'clock and two o'clock.
Then I laughed and then we laughed
and let me take note –
there was a death,
the death of childhood
there at the Union Oyster House
for I was fifteen
and eating oysters
and the child was defeated.
The woman won.

2. How We Danced

The night of my cousin's wedding
I wore blue.
I was nineteen
and we danced, Father, we orbited.
We moved like angels washing themselves.
We moved like two birds on fire.
Then we moved like the sea in a jar,
slower and slower.
The orchestra played
'Oh how we danced on the night we were wed.'
And you waltzed me like a lazy Susan
and we were dear,
very dear.
Now that you are laid out,
useless as a blind dog,
now that you no longer lurk,
the song rings in my head.
Pure oxygen was the champagne we drank
and clicked our glasses, one to one.
The champagne breathed like a skin diver
and the glasses were crystal and the bride
and groom gripped each other in sleep
like nineteen-thirty marathon dancers.
Mother was a belle and danced with twenty men.
You danced with me never saying a word.
Instead the serpent spoke as you held me close.
The serpent, that mocker, woke up and pressed against me
like a great god and we bent together
like two lonely swans.

4. Santa

Father,
the Santa Claus suit
you bought from Wolf Fording Theatrical Supplies,
back before I was born,
is dead.
The white beard you fooled me with
and the hair like Moses,
the thick crimpy wool
that used to buzz me on the neck,
is dead.
Yes, my busting rosy Santa,
ringing your bronze cowbell.
You with real soot on your nose
and snow (taken from the refrigerator some years)
on your big shoulder.
The room was like Florida.
You took so many oranges out of your bag
and threw them around the living room,

all the time laughing that North Pole laugh.
Mother would kiss you
for she was that tall.
Mother could hug you
for she was not afraid.
The reindeer pounded on the roof.
(It was my Nana with a hammer in the attic.
For my children it was my husband
with a crowbar breaking things up.)
The year I ceased to believe in you
is the year you were drunk.
My boozy red man,
your voice all slithery like soap,
you were a long way from Saint Nick
with Daddy's cocktail smell.
I cried and ran from the room
and you said, 'Well, thank God that's over!'
And it was, until the grandchildren came.
Then I tied up your pillows
in the five a.m. Christ morning
and I adjusted the beard,
all yellow with age,
and applied rouge to your cheeks
and Chalk White to your eyebrows.
We were conspirators,
secret actors,
and I kissed you
because I was tall enough.
But that is over.
The era closes
and large children hang their stockings
and build a black memorial to you.
And you, you fade out of sight
like a lost signalman
wagging his lantern
for the train that comes no more.

from The Jesus Papers
'And would you mock God?'
'God is not mocked except by believers.'

Jesus Raises Up the Harlot

The harlot squatted
with her hands over her red hair.
She was not looking for customers.
She was in a deep fear.
A delicate body clothed in red,
as red as a smashed fist
and she was bloody as well
for the townspeople were trying

to stone her to death.
Stones came at her like bees to candy
and sweet redheaded harlot that she was
she screamed out, *I never, I never*.
Rocks flew out of her mouth like pigeons
and Jesus saw this and thought to
exhume her like a mortician.

Jesus knew that a terrible sickness
dwelt in the harlot and He could lance it
with His two small thumbs.
He held up His hand and the stones
dropped to the ground like doughnuts.
Again He held up His hand
and the harlot came and kissed Him.
He lanced her twice. On the spot.
He lanced her twice on each breast,
pushing His thumbs in until the milk ran out,
those two boils of whoredom.
The harlot followed Jesus around like a puppy
for He had raised her up.
Now she forsook her fornications
and became His pet.
His raising her up made her feel
like a little girl again when she had a father
who brushed the dirt from her eye.
Indeed, she took hold of herself,
knowing she owed Jesus a life,
as sure-fire as a trump card.

Jesus Cooks

Jesus saw the multitudes were hungry
and He said, Oh Lord,
send down a short-order cook.
And the Lord said, Abracadabra.
Jesus took the fish,
a slim green baby,
in His right hand and said, Oh Lord,
and the Lord said,
Work on the sly
opening boxes of sardine cans.
And He did.
Fisherman, fisherman,
you make it look easy.
And lo, there were many fish.
Next Jesus held up a loaf
and said, Oh Lord,
and the Lord instructed Him
like an assembly-line baker man,
a Pied Piper of yeast,
and lo, there were many.

Jesus passed among the people
in a chef's hat
and they kissed His spoons and forks
and ate well from invisible dishes.

Jesus Dies

From up here in the crow's nest
I see a small crowd gather.
Why do you gather, my townsmen?
There is no news here.
I am not a trapeze artist.
I am busy with My dying.
Three heads lolling,
bobbing like bladders.
No news.
The soldiers down below
laughing as soldiers have done for centuries.
No news.
We are the same men,
you and I,
the same sort of nostrils,
the same sort of feet.
My bones are oiled with blood
and so are yours.
My heart pumps like a jack rabbit in a trap
and so does yours.
I want to kiss God on His nose and watch Him sneeze
and so do you.
Not out of disrespect.
Out of pique.
Out of a man-to-man thing.
I want heaven to descend and sit on My dinner plate
and so do you.
I want God to put His steaming arms around Me
and so do you.
Because we need.
Because we are sore creatures.
My townsmen,
go home now.
I will do nothing extraordinary.
I will not divide in two.
I will not pick out My white eyes.
Go now,
this is a personal matter,
a private affair and God knows
none of your business.

**from *The Death Notebooks*
(1974)**

For Mr. Death who Stands with His Door Open

Time grows dim. Time that was so long
grows short, time, all goggle-eyed,
wiggling her skirts, singing her torch song,
giving the boys a buzz and a ride,
that Nazi Mama with her beer and sauerkraut.
Time, old gal of mine, will soon dim out.

May I say how young she was back then,
playing piggley-witch and hoola-hoop,
dancing the jango with six awful men,
letting the chickens out of the coop,
promising to marry Jack and Jerome,
and never bothering, never, never,
to come back home.

Time was when time had time enough
and the sea washed me daily in its delicate brine.
There is no terror when you swim in the buff
or speed up the boat and hang out a line.
Time was when I could hiccup and hold my breath
and not in that instant meet Mr. Death.

Mr. Death, you actor, you have many masks.
Once you were sleek, a kind of Valentino
with my father's bathtub gin in your flask.
With my cinched-in waist and my dumb vertigo
at the crook of your long white arm
and yet you never bent me back, never, never,
into your blackguard charm.

Next, Mr. Death, you held out the bait
during my first decline, as they say,
telling that suicide baby to celebrate
her own going in her own puppet play.
I went out popping pills and crying adieu
in my own death camp with my own little Jew.

Now your beer belly hangs out like Fatso.
You are popping your buttons and expelling gas.
How can I lie down with you, my comical beau
when you are so middle-aged and lower-class.
Yet you'll press me down in your envelope;
pressed as neat as a butterfly, forever, forever,
beside Mussolini and the Pope.

Mr. Death, when you came to the ovens it was short
and to the drowning man you were likewise kind,
and the nicest of all to the baby I had to abort
and middling you were to all the crucified combined.
But when it comes to my death let it be slow,
let it be pantomime, this last peep show,
so that I may squat at the edge trying on
my black necessary trousseau.

from The Furies

The Fury of Guitars and Sopranos

This singing
is a kind of dying,
a kind of birth,
a votive candle.
I have a dream-mother
who sings with her guitar,
nursing the bedroom
with moonlight and beautiful olives.
A flute came too,
joining the five strings,
a God finger over the holes.
I knew a beautiful woman once
who sang with her fingertips
and her eyes were brown
like small birds.
At the cup of her breasts
I drew wine.
At the mound of her legs
I drew figs.
She sang for my thirst,
mysterious songs of God
that would have laid an army down.
It was as if a morning-glory
had bloomed in her throat
and all that blue
and small pollen
ate into my heart
violent and religious.

The Fury of Cooks

Herbs, garlic,
cheese, please let me in!
Souffles, salads,
Parker House rolls,
please let me in!
Cook Helen,
why are you so cross,
why is your kitchen verboten?
Couldn't you just teach me
to bake a potato,
that charm,
that young prince?
No! No!
This is my country!
You shout silently.
Couldn't you just show me
the gravy. How you drill it out

of the stomach of that bird?
Helen, Helen,
let me in,
let me feel the flour,
is it blind and frightening,
this stuff that makes cakes?
Helen, Helen,
the kitchen is your dog
and you pat it
and love it
and keep it clean.
But all these things,
all these dishes of things
come through the swinging door
and I don't know from where?
Give me some tomato aspic, Helen!
I don't want to be alone.

The Fury of Cocks

There they are
drooping over the breakfast plates,
angel-like,
folding in their sad wing,
animal sad,
and only the night before
there they were
playing the banjo.
Once more the day's light comes
with its immense sun,
its mother trucks,
its engines of amputation.
Whereas last night
the cock knew its way home,
as stiff as a hammer,
battering in with all
its awful power.
That theater.
Today it is tender,
a small bird,
as soft as a baby's hand.
She is the house.
He is the steeple.
When they fuck they are God.
When they break away they are God.
When they snore they are God.
In the morning they butter the toast.
They don't say much.
They are still God.
All the cocks of the world are God,
blooming, blooming, blooming
into the sweet blood of woman.

The Fury of Overshoes

They sit in a row
outside the kindergarten,
black, red, brown, all
with those brass buckles.
Remember when you couldn't
buckle your own
overshoe
or tie your own
shoe
or cut your own meat
and the tears
running down like mud
because you fell off your
tricycle?
Remember, big fish,
when you couldn't swim
and simply slipped under
like a stone frog?
The world wasn't
yours.
It belonged to
the big people.
Under your bed
sat the wolf
and he made a shadow
when cars passed by
at night.
They made you give up
your nightlight
and your teddy
and your thumb.
Oh overshoes,
don't you
remember me,
pushing you up and down
in the winter snow?
Oh thumb,
I want a drink,
it is dark,
where are the big people,
when will I get there,
taking giant steps
all day,
each day
and thinking
nothing of it?

The Fury of Sunrises

Darkness
as black as your eyelid,

poketricks of stars,
the yellow mouth,
the smell of a stranger,
dawn coming up,
dark blue,
no stars,
the smell of a lover,
warmer now
as authentic as soap,
wave after wave
of lightness
and the birds in their chains
going mad with throat noises,
the birds in their tracks
yelling into their cheeks like clowns,
lighter, lighter,
the stars gone,
the trees appearing in their green hoods,
the house appearing across the way,
the road and its sad macadam,
the rock walls losing their cotton,
lighter, lighter,
letting the dog out and seeing
fog lift by her legs,
a gauze dance,
lighter, lighter,
yellow, blue at the tops of trees,
more God, more God everywhere,
lighter, lighter,
more world everywhere,
sheets bent back for people,
the strange heads of love
and breakfast,
that sacrament,
lighter, yellower,
like the yolk of eggs,
the flies gathering at the windowpane,
the dog inside whining for food
and the day commencing,
not to die, not to die,
as in the last day breaking,
a final day digesting itself,
lighter, lighter,
the endless colors,
the same old trees stepping toward me,
the rock unpacking its crevices,
breakfast like a dream
and the whole day to live through,
steadfast, deep, interior.
After the death,
after the black of black,
this lightness –

not to die, not to die –
that God begot.

from O Ye Tongues

First Psalm

Let there be a God as large as a sunlamp to laugh his heat at you.
Let there be an earth with a form like a jigsaw and let it fit for all of ye.
Let there be the darkness of a darkroom out of the deep. A worm room.
Let there be a God who sees light at the end of a long thin pipe and lets it in.
Let God divide them in half.
Let God share his Hoodsie.
Let the waters divide so that God may wash his face in first light.
Let there be pin holes in the sky in which God puts his little finger.
Let the stars be a heaven of jelly rolls and babies laughing.
Let the light be called Day so that men may grow corn or take busses.
Let there be on the second day dry land so that all men may dry their toes with Cannon towels.
Let God call this earth and feel the grasses rise up like angel hair.
Let there be bananas, cucumbers, prunes, mangoes, beans, rice and candy canes.
Let them seed and reseed.
Let there be seasons so that we may learn the architecture of the sky with eagles, finches, flickers, seagulls.
Let there be seasons so that we may put on twelve coats and shovel snow or take off our skins and bathe in the Caribbean.
Let there be seasons so that sky dogs will jump across the sun in December.
Let there be seasons so that the eel may come out of her green cave.
Let there be seasons so that the raccoon may raise his blood level.
Let there be seasons so that the wind may be hoisted for an orange leaf.
Let there be seasons so that the rain will bury many ships.
Let there be seasons so that the miracles will fill our drinking glass with runny gold.
Let there be seasons so that our tongues will be rich in asparagus and limes.
Let there be seasons so that our fires will not forsake us and turn to metal.
Let there be seasons so that a man may close his palm on a woman's breast and bring forth a sweet nipple, a starberry.
Let there be a heaven so that man may outlive his grasses.

Tenth Psalm

For as the baby springs out like a starfish into her million light years Anne sees that she must climb her own mountain.
For as she eats wisdom like the halves of a pear she puts one foot in front of the other. She climbs the dark wing.
For as her child grows Anne grows and there is salt and cantaloupe and molasses for all.
For as Anne walks, the music walks and the family lies down in milk.
For I am not locked up.
For I am placing fist over fist on rock and plunging into the altitude of words. The silence of words.
For the husband sells his rain to God and God is well pleased with His family.

For they fling together against hardness and somewhere, in another room, a light
is clicked on by gentle fingers.
For death comes to friends, to parents, to sisters. Death comes with its bagful of
pain yet they do not curse the key they were given to hold.
For they open each door and it gives them a new day at the yellow window.
For the child grows to a woman, her breasts coming up like the moon while Anne
rubs the peace stone.
For the child starts up her own mountain (not being locked in) and reaches the
coastline of grapes.
For Anne and her daughter master the mountain and again and again. Then the
child finds a man who opens like the sea.
For that daughter must build her own city and fill it with her own oranges, her
own words.
For Anne walked up and up and finally over the years until she was old as the moon
and with its naggy voice.
For Anne had climbed over eight mountains and saw the children washing the
tiny statues in the square.
For Anne sat down with the blood of a hammer and built a tomb-stone for herself
and Christopher sat beside her and was well pleased with their red shadow.
For they hung up a picture of a rat and the rat smiled and held out his hand.
For the rat was blessed on that mountain. He was given a white bath.
For the milk in the skies sank down upon them and tucked them in.
For God did not forsake them but put the blood angel to look after them until such
time as they would enter their star.
For the sky dogs jumped out and shoveled snow upon us and we lay in our quiet blood.
For God was as large as a sunlamp and laughed his heat at us and therefore we did
not cringe at the death hole.

Jesus Walking

When Jesus walked into the wilderness
he carried a man on his back,
at least it had the form of a man,
a fisherman perhaps with a wet nose,
a baker perhaps with flour in his eyes.
The man was dead it seems
and yet he was unkillable.
Jesus carried many men
yet there was only one man –
if indeed it was a man.
There in the wilderness all the leaves
reached out their hands
but Jesus went on by.
The bees beckoned him to their honey
but Jesus went on by.
The boar cut out its heart and offered it
but Jesus went on by
with his heavy burden.
The devil approached and slapped him on the jaw
and Jesus walked on.
The devil made the earth move like an elevator

and Jesus walked on.
The devil built a city of whores,
each in little angel beds,
and Jesus walked on with his burden.
For forty days, for forty nights
Jesus put one foot in front of the other
and the man he carried,
if it was a man,
became heavier and heavier.
He was carrying all the trees of the world
which are one tree.
He was carrying forty moons
which are one moon.
He was carrying all the boots
of all the men in the world
which are one boot.
He was carrying our blood.
One blood.

To pray, Jesus knew,
is to be a man carrying a man.

**from *The Awful Rowing Toward God*
(1975)**

Rowing

A story, a story!
(Let it go. Let it come.)
I was stamped out like a Plymouth fender
into this world.
First came the crib
with its glacial bars.
Then dolls
and the devotion to their plastic mouths.
Then there was school,
the little straight rows of chairs,
blotting my name over and over,
but undersea all the time,
a stranger whose elbows wouldn't work.
Then there was life
with its cruel houses
and people who seldom touched –
though touch is all –
but I grew,
like a pig in a trenchcoat I grew,
and then there were many strange apparitions,
the nagging rain, the sun turning into poison
and all of that, saws working through my heart,
but I grew, I grew,
and God was there like an island I had not rowed to,
still ignorant of Him, my arms and my legs worked,

and I grew, I grew,
I wore rubies and bought tomatoes
and now, in my middle age,
about nineteen in the head I'd say,
I am rowing, I am rowing
though the oarlocks stick and are rusty
and the sea blinks and roils
like a worried eyeball,
but I am rowing, I am rowing,
though the wind pushes me back
and I know that that island will not be perfect,
it will have the flaws of life,
the absurdities of the dinner table,
but there will be a door
and I will open it
and I will get rid of the rat inside of me,
the gnawing pestilential rat.
God will take it with his two hands
and embrace it.

As the African says:
This is my tale which I have told,
if it be sweet, if it be not sweet,
take somewhere else and let some return to me.
This story ends with me still rowing.

The Civil War

I am torn in two
but I will conquer myself.
I will dig up the pride.
I will take scissors
and cut out the beggar.
I will take a crowbar
and pry out the broken
pieces of God in me.
Just like a jigsaw puzzle,
I will put Him together again
with the patience of a chess player.

How many pieces?

It feels like thousands,
God dressed up like a whore
in a slime of green algae.
God dressed up like an old man
staggering out of His shoes.
God dressed up like a child,
all naked,
even without skin,
soft as an avocado when you peel it.
And others, others, others.

But I will conquer them all
and build a whole nation of God
in me – but united,
build a new soul,
dress it with skin
and then put on my shirt
and sing an anthem,
a song of myself.

Courage

It is in the small things we see it.
The child's first step,
as awesome as an earthquake.
The first time you rode a bike,
wallowing up the sidewalk.
The first spanking when your heart
went on a journey all alone.
When they called you crybaby
or poor or fatty or crazy
and made you into an alien,
you drank their acid
and concealed it.

Later,
if you faced the death of bombs and bullets
you did not do it with a banner,
you did it with only a hat to
cover your heart.
You did not fondle the weakness inside you
though it was there.
Your courage was a small coal
that you kept swallowing.
If your buddy saved you
and died himself in so doing,
then his courage was not courage,
it was love; love as simple as shaving soap.

Later,
if you have endured a great despair,
then you did it alone,
getting a transfusion from the fire,
picking the scabs off your heart,
then wringing it out like a sock.
Next, my kinsman, you powdered your sorrow,
you gave it a back rub
and then you covered it with a blanket
and after it had slept a while
it woke to the wings of the roses
and was transformed.

Later,
when you face old age and its natural conclusion

your courage will still be shown in the little ways,
each spring will be a sword you'll sharpen,
those you love will live in a fever of love,
and you'll bargain with the calendar
and at the last moment
when death opens the back door
you'll put on your carpet slippers
and stride out.

When Man Enters Woman

When man
enters woman,
like the surf biting the shore,
again and again,
and the woman opens her mouth in pleasure
and her teeth gleam
like the alphabet,
Logos appears milking a star,
and the man
inside of woman
ties a knot
so that they will
never again be separate
and the woman
climbs into a flower
and swallows its stem
and Logos appears
and unleashes their rivers.

This man,
this woman
with their double hunger,
have tried to reach through
the curtain of God
and briefly they have,
though God
in His perversity
unties the knot.

The Earth

God loafs around heaven,
without a shape
but He would like to smoke His cigar
or bite His fingernails
and so forth.

God owns heaven
but He craves the earth,
the earth with its little sleepy caves,
its bird resting at the kitchen window,

even its murders lined up like broken chairs,
even its writers digging into their souls
with jackhammers.
even its hucksters selling their animals
for gold,
even its babies sniffing for their music,
the farm house, white as a bone,
sitting in the lap of its corn,
even the statue holding up its widowed life,
even the ocean with its cupful of students,
but most of all He envies the bodies,
He who has no body.

The eyes, opening and shutting like keyholes
and never forgetting, recording by thousands,
the skull with its brains like eels –
the tablet of the world –
the bones and their joints
that build and break for any trick,
the genitals,
the ballast of the eternal,
and the heart, of course,
that swallows the tides
and spits them out cleansed.

He does not envy the soul so much.
He is all soul
but He would like to house it in a body
and come down
and give it a bath
now and then.

The Dead Heart
After I wrote this, a friend scrawled on this page, 'Yes'. And I said, merely to myself, 'I wish it could be for a different seizure – as with Molly Bloom with her "and yes I said yes I will Yes"'.

It is not a turtle
hiding in its little green shell.
It is not a stone
to pick up and put under your black wing.
It is not a subway car that is obsolete.
It is not a lump of coal that you could light.
It is a dead heart.
It is inside of me.
It is a stranger
yet once it was agreeable,
opening and closing like a clam.

What it has cost me you can't imagine,
shrinks, priests, lovers, children, husbands,
friends and all the lot.
An expensive thing it was to keep going.

It gave back too.
Don't deny it!
I half wonder if April would bring it back to life?
A tulip? The first bud?
But those are just musings on my part,
the pity one has when one looks at a cadaver.

How did it die?
I called it EVIL.
I said to it, your poems stink like vomit.
I didn't stay to hear the last sentence.
It died on the word EVIL.
I did it with my tongue.
The tongue, the Chinese say,
is like a sharp knife:
it kills
without drawing blood.

The Sickness Unto Death

God went out of me
as if the sea dried up like sandpaper,
as if the sun became a latrine.
God went out of my fingers.
They became stone.
My body became a side of mutton
and despair roamed the slaughterhouse.

Someone brought me oranges in my despair
but I could not eat a one
for God was in that orange.
I could not touch what did not belong to me.
The priest came,
he said God was even in Hitler.
I did not believe him
for if God were in Hitler
then God would be in me.
I did not hear the bird sounds.
They had left.

I did not see the speechless clouds,
I saw only the little white dish of my faith
breaking in the crater.
I kept saying:
I've got to have something to hold on to.
People gave me Bibles, crucifixes,
a yellow daisy,
but I could not touch them,
I who was a house full of bowel movement,
I who was a defaced altar,
I who wanted to crawl toward God
could not move nor eat bread.

So I ate myself,
bite by bite,
and the tears washed me,
wave after cowardly wave,
swallowing canker after canker
and Jesus stood over me looking down
and He laughed to find me gone,
and put His mouth to mine
and gave me His air.

My kindred, my brother, I said
and gave the yellow daisy
to the crazy woman in the next bed.

Welcome Morning

There is joy
in all:
in the hair I brush each morning,
in the Cannon towel, newly washed,
that I rub my body with each morning,
in the chapel of eggs I cook
each morning,
in the outcry from the kettle
that heats my coffee
each morning,
in the spoon and the chair
that cry 'hello there, Anne'
each morning,
in the godhead of the table
that I set my silver, plate, cup upon
each morning.

All this is God,
right here in my pea-green house
each morning
and I mean,
though often forget,
to give thanks,
to faint down by the kitchen table
in a prayer of rejoicing
as the holy birds at the kitchen window
peck into their marriage of seeds.
So while I think of it,
let me paint a thank-you on my palm
for this God, this laughter of the morning,
lest it go unspoken.

The Joy that isn't shared, I've heard,
dies young.

Frenzy

I am not lazy.
I am on the amphetamine of the soul.
I am, each day,
typing out the God
my typewriter believes in.
Very quick. Very intense,
like a wolf at a live heart.

Not lazy.
When a lazy man, they say,
looks toward heaven,
the angels close the windows.

Oh angels,
keep the windows open
so that I may reach in
and steal each object,
objects that tell me the sea is not dying,
objects that tell me the dirt has a life-wish,
that the Christ who walked for me,
walked on true ground
and that this frenzy,
like bees stinging the heart all morning,
will keep the angels
with their windows open,
wide as an English bathtub.

The Rowing Endeth

I'm mooring my rowboat
at the dock of the island called God.
This dock is made in the shape of a fish
and there are many boats moored
at many different docks.
'It's okay,' I say to myself,
with blisters that broke and healed
and broke and healed –
saving themselves over and over.
And salt sticking to my face and arms like
a glue-skin pocked with grains of tapioca.
I empty myself from my wooden boat
and onto the flesh of The Island.
'On with it!' He says and thus
we squat on the rocks by the sea
and play – can it be true –
a game of poker.
He calls me.
I win because I hold a royal straight flush.
He wins because He holds five aces.
A wild card had been announced

but I had not heard it
being in such a state of awe
when He took out the cards and dealt.
As he plunks down His five aces
and I sit grinning at my royal flush,
He starts to laugh,
the laughter rolling like a hoop out of His mouth
and into mine,
and such laughter that He doubles right over me
laughing a Rejoice-Chorus at our two triumphs.
Then I laugh, the fishy dock laughs
the sea laughs. The Island laughs.
The Absurd laughs.

Dearest dealer,
I with my royal straight flush,
love you so for your wild card,
that untamable, eternal, gut-driven *ha-ha*
and lucky love.

Posthumously Published Work

**from *45 Mercy Street*
(1976)**

Cigarettes and Whiskey and Wild, Wild Women
(*from a song*)

Perhaps I was born kneeling,
born coughing on the long winter,
born expecting the kiss of mercy,
born with a passion for quickness
and yet, as things progressed,
I learned early about the stockade
or taken out, the fume of the enema.
By two or three I learned not to kneel,
not to expect, to plant my fires underground
where none but the dolls, perfect and awful,
could be whispered to or laid down to die.

Now that I have written many words,
and let out so many loves, for so many,
and been altogether what I always was –
a woman of excess, of zeal and greed,
I find the effort useless.
Do I not look in the mirror,
these days,
and see a drunken rat avert her eyes?
Do I not feel the hunger so acutely
that I would rather die than look
into its face?

I kneel once more,
in case mercy should come
in the nick of time.

Food

I want mother's milk,
that good sour soup.
I want breasts singing like eggplants,
and a mouth above making kisses.
I want nipples like shy strawberries
for I need to suck the sky.
I need to bite also
as in a carrot stick.
I need arms that rock,
two clean clam shells singing *ocean*.
Further I need weeds to eat
for they are the spinach of the soul.
I am hungry and you give me
a dictionary to decipher.
I am a baby all wrapped up in its red howl
and you pour salt into my mouth.
Your nipples are stitched up like sutures
and although I suck
I suck air
and even the big fat sugar moves away.
Tell me! Tell me! Why is it?
I need food
and you walk away reading the paper.

The Money Swing
After "Babylon Revisited" by F. Scott Fitzgerald

Mother, Father,
I hold this snapshot of you,
taken, it says, in 1929
on the deck of the yawl.
Mother, Father,
so young, so hot, so jazzy,
so like Zelda and Scott
with drinks and cigarettes and turbans
and designer slacks and frizzy permanents
and all that dough,
what do you say to me now,
here at my sweaty desk in 1971?

I know the ice in your drink is senile.
I know your smile will develop a boil.
You know only that you are on top,
swinging like children on the money swing
up and over, up and over,

until even New York City lies down small.
You know that when winter comes
and the snow comes
that it won't be real snow.
If you don't want it to be snow
you just pay money.

from Bestiary U.S.A.

Hornet

A red-hot needle
hangs out of him, he steers by it
as if it were a rudder, he
would get in the house any way he could
and then he would bounce from window
to ceiling, buzzing and looking for you.
Do not sleep for he is there wrapped in the curtain.
Do not sleep for he is there under the shelf.
Do not sleep for he wants to sew up your skin,
he wants to leap into your body like a hammer
with a nail, do not sleep he wants to get into
your nose and make a transplant, he wants do not
sleep he wants to bury your fur and make
a nest of knives, he wants to slide under your
fingernail and push in a splinter, do not sleep
he wants to climb out of the toilet when you sit on it
and make a home in the embarrassed hair do not sleep
he wants you to walk into him as into a dark fire.

Where It was At Back Then

Husband,
last night I dreamt
they cut off your hands and feet.
Husband,
you whispered to me,
Now we are both incomplete.

Husband,
I held all four
in my arms like sons and daughters.
Husband,
I bent slowly down
and washed them in magical waters.

Husband,
I placed each one
where it belonged on you.
'A miracle,'
you said and we laughed
the laugh of the well-to-do.

The Risk

When a daughter tries suicide
and the chimney falls down like a drunk
and the dog chews her tail off
and the kitchen blows up its shiny kettle
and the vacuum cleaner swallows its bag
and the toilet washes itself in tears
and the bathroom scales weigh in the ghost
of the grandmother and the windows,
those sky pieces, ride out like boats
and the grass rolls down the driveway
and the mother lies down on her marriage bed
and eats up her heart like two eggs.

45 Mercy Street

In my dream,
drilling into the marrow
of my entire bone,
my real dream,
I'm walking up and down Beacon Hill
searching for a street sign –
namely MERCY STREET.
Not there.

I try the Back Bay.
Not there.
Not there.
And yet I know the number.
45 Mercy Street.
I know the stained-glass window
of the foyer,
the three flights of the house
with its parquet floors.
I know the furniture and
mother, grandmother, great-grandmother,
the servants.
I know the cupboard of Spode,
the boat of ice, solid silver,
where the butter sits in neat squares
like strange giant's teeth
on the big mahogany table.
I know it well.
Not there.

Where did you go?
45 Mercy Street,
with great-grandmother
kneeling in her whale-bone corset
and praying gently but fiercely
to the wash basin,

at five a.m.
at noon
dozing in her wiggy rocker,
grandfather taking a nip in the pantry,
grandmother pushing the bell for the downstairs maid,
and Nana rocking Mother with an oversized flower
on her forehead to cover the curl
of when she was good and when she was . . .
And where she was begat
and in a generation
the third she will beget,
me,
with the stranger's seed blooming
into the flower called *Horrid*.

I walk in a yellow dress
and a white pocketbook stuffed with cigarettes,
enough pills, my wallet, my keys,
and being twenty-eight, or is it forty-five?
I walk. I walk.
I hold matches at the street signs
for it is dark,
as dark as the leathery dead
and I have lost my green Ford,
my house in the suburbs,
two little kids
sucked up like pollen by the bee in me
and a husband
who has wiped off his eyes
in order not to see my inside out
and I am walking and looking
and this is no dream
just my oily life
where the people are alibis
and the street is unfindable for an
entire lifetime.

Pull the shades down –
I don't care!
Bolt the door, mercy,
erase the number,
rip down my street sign,
what can it matter,
what can it matter to this cheapskate
who wants to own the past
that went out on a dead ship
and left me only with paper?

Not there.

I open my pocketbook,
as women do,
and fish swim back and forth
between the dollars and the lipstick.

I pick them out,
one by one
and throw them at the street signs,
and shoot my pocketbook
into the Charles River.
Next I pull the dream off
and slam into the cement wall
of the clumsy calendar
I live in,
my life,
and its hauled up
notebooks.

from *Words for Dr. Y.* (1978)

from Letters to Dr. Y. (1960-1970)

Dr. Y.
I need a thin hot wire,
your Rescue Inc. voice
to stretch me out,
to keep me from going underfoot
and growing stiff
as a yardstick.

Death,
I need your hot breath,
my index finger in the flame,
two cretins standing at my ears,
listening for the cop car.

Death,
I need a little cradle
to carry me out,
a boxcar for my books,
a nickel in my palm,
and no kiss
on my kiss.

Death,
I need my little addiction to you.
I need that tiny voice who,
even as I rise from the sea,
all woman, all there,
says kill me, kill me.

My manic eye
sees only the trapeze artist
who flies without a net.
Bravo, I cry,
swallowing the pills,
the do die pills.

Listen ducky,
death is as close to pleasure
as a toothpick.
To die whole,
riddled with nothing
but desire for it,
is like breakfast
after love.

    February 16, 1960

*

What has it come to, Dr. Y.
my needing you?
I work days,
stuffed into a pine-paneled box.
You work days
with your air conditioner gasping
like a tube-fed woman.
I move my thin legs into your office
and we work over the cadaver of my soul.
We make a stage set out of my past
and stuff painted puppets into it.
We make a bridge toward my future
and I cry to you: I will be steel!
I will build a steel bridge over my need!
I will build a bomb shelter over my heart!
But my future is a secret.
It is as shy as a mole.

What has it come to
my needing you . . .
I am the irritating pearl
and you are the necessary shell.
You are the twelve faces of the Atlantic
and I am the rowboat. I am the burden.

How dependent, the fox asks?
Why so needy, the snake sings?
It's this way . . .
Time after time I fall down into the well
and you dig a tunnel in the dangerous sand,
you take the altar from a church and shore it up.
With your own white hands you dig me out.
You give me hoses so I can breathe.
You make me a skull to hold the worms
of my brains. You give me hot chocolate
although I am known to have no belly.
The trees are whores yet you place
me under them. The sun is poison
yet you toss me under it like a rose.

I am out of practice at living.
You are as brave as a motorcycle.

What has it come to
that I should defy you?
I would be a copper wire
without electricity.
I would be a Beacon Hill dowager
without her hat.
I would be a surgeon
who cut with his own nails.
I would be a glutton
who threw away his spoon.
I would be God
without Jesus to speak for me.

I would be Jesus
without a cross to prove me.

    August 24, 1964

*

I called him *Comfort*.
Dr. Y., I gave him the wrong name.
I should have called him *Preacher*
for all day there on the coastland
he read me the Bible.
He read me the Bible to prove I was sinful.
For in the night he was betrayed.
And then he let me give him a Judas-kiss,
that red lock that held us in place,
and then I gave him a drink from my cup
and he whispered, 'Rape, rape.'
And then I gave him my wrist
and he sucked on the blood,
hating himself for it,
murmuring, 'God will see. God will see.'

And I said,
'To hell with God!'

And he said,
'Would you mock God?'

And I said,
'God is only mocked by believers!'

And he said,
'I love only the truth.'

And I said,
'This holy concern for the truth –
no one worries about it except liars.'

And God was bored.
He turned on his side
like an opium eater
and slept.

    March 28, 1965

*

I'm dreaming the My Lai soldier again,
I'm dreaming the My Lai soldier night after night.
He rings the doorbell like the Fuller Brush Man
and wants to shake hands with me
and I do because it would be rude to say no
and I look at my hand and it is green
with intestines.
And they won't come off,
they won't. He apologizes for this over and over.
The My Lai soldier lifts me up again and again
and lowers me down with the other dead women and babies
saying, *It's my job. It's my job.*

Then he gives me a bullet to swallow
like a sleeping tablet.
I am lying in this belly of dead babies
each one belching up the yellow gasses of death
and their mothers tumble, eyeballs, knees, upon me,
each for the last time, each authentically dead.
The soldier stands on a stepladder above us
pointing his red penis right at me and saying,
Don't take this personally.

    December 17, 1969

from *Last Poems*

Admonitions to a Special Person

Watch out for power,
for its avalanche can bury you,
snow, snow, snow, smothering your mountain.

Watch out for hate,
it can open its mouth and you'll fling yourself out
to eat off your leg, an instant leper.

Watch out for friends,
because when you betray them,
as you will,
they will bury their heads in the toilet
and flush themselves away.

Watch out for intellect,
because it knows so much it knows nothing
and leaves you hanging upside down,

mouthing knowledge as your heart
falls out of your mouth.

Watch out for games, the actor's part,
the speech planned, known, given,
for they will give you away
and you will stand like a naked little boy,
pissing on your own child-bed.

Watch out for love
(unless it is true,
and every part of you says yes including the toes),
it will wrap you up like a mummy,
and your scream won't be heard
and none of your running will run.

Love? Be it man. Be it woman.
It must be a wave you want to glide in on,
give your body to it, give your laugh to it,
give, when the gravelly sand takes you,
your tears to the land. To love another is something
like prayer and can't be planned, you just fall
into its arms because your belief undoes your disbelief.

Special person,
if I were you I'd pay no attention
to admonitions from me,
made somewhat out of your words
and somewhat out of mine.
A collaboration.
I do not believe a word I have said,
except some, except I think of you like a young tree
with pasted-on leaves and know you'll root
and the real green thing will come.

Let go. Let go.
Oh special person,
possible leaves,
this typewriter likes you on the way to them,
but wants to break crystal glasses
in celebration,
for you,
when the dark crust is thrown off
and you float all around
like a happened balloon.

As It was Written

Earth, earth,
riding your merry-go-round
toward extinction,
right to the roots,
thickening the oceans like gravy,
festering in your caves,

you are becoming a latrine.
Your trees are twisted chairs.
Your flowers moan at their mirrors,
and cry for a sun that doesn't wear a mask.

Your clouds wear white,
trying to become nuns
and say novenas to the sky.
The sky is yellow with its jaundice,
and its veins spill into the rivers
where the fish kneel down
to swallow hair and goat's eyes.

All in all, I'd say,
the world is strangling.
And I, in my bed each night,
listen to my twenty shoes
converse about it.
And the moon,
under its dark hood,
falls out of the sky each night,
with its hungry red mouth
to suck at my scars.

Love Letter Written in a Burning Building

Dearest Foxxy,

I am in a crate,
the crate that was ours,
full of white shirts and salad greens,
the icebox knocking at our delectable knocks,
and I wore movies in my eyes,
and you wore eggs in your tunnel,
and we played sheets, sheets, sheets
all day, even in the bathtub like lunatics.
But today I set the bed a fire
and smoke is filling the room,
it is getting hot enough for the walls to melt,
and the icebox, a gluey white tooth.

I have on a mask in order to write my last words,
and they are just for you, and I will place them
in the icebox saved for vodka and tomatoes,
and perhaps they will last.
The dog will not. Her spots will fall off.
The old letters will melt into a black bee.
The nightgowns are already shredding
into paper, the yellow, the red, the purple.
The bed – well, the sheets have turned to gold –
hard, hard gold, and the mattress
is being kissed into a stone.

As for me, my dearest Foxxy,
my poems to you may or may not reach the icebox
and its hopeful eternity,
for isn't yours enough?
The one where you name
my name right out in P. R.?
If my toes weren't yielding to pitch
I'd tell the whole story –
not just the sheet story
but the belly-button story,
the pried-eyelid story,
the whiskey-sour-of-the-nipple story –
and shovel back our love where it belonged.

Despite my asbestos gloves,
the cough is filling me with black,
and a red powder seeps through my veins,
our little crate goes down so publicly
and without meaning it, you see,
meaning a solo act,
a cremation of the love,
but instead we seem to be going down
right in the middle of a Russian street,
the flames making the sound of
the horse being beaten and beaten,
the whip is adoring its human triumph
while the flies wait, blow by blow,
straight from United Fruit, Inc.

In Excelsis

It is half winter, half spring,
and Barbara and I are standing
confronting the ocean.
Its mouth is open very wide,
and it has dug up its green,
throwing it, throwing it at the shore.
You say it is angry.
I say it is like a kicked Madonna.
Its womb collapses, drunk with its fever.
We breathe in its fury.

I, the inlander,
am here with you for just a small space.
I am almost afraid,
so long gone from the sea.
I have seen her smooth as a cheek.
I have seen her easy,
doing her business,
lapping in.
I have seen her rolling her hoops of blue.
I have seen her tear the land off.

I have seen her drown me twice,
and yet not take me.
You tell me that as the green drains backward
it covers Britain,
but have you never stood on *that* shore
and seen it cover you?

We have come to worship,
the tongues of the surf are prayers,
and we vow,
the unspeakable vow.
Both silently.
Both differently.
I wish to enter her like a dream,
leaving my roots here on the beach
like a pan of knives.
And my past to unravel, with its knots and snarls,
and walk into ocean,
letting it explode over me
and outward, where I would drink the moon
and my clothes would slip away,
and I would sink into the great mother arms
I never had,
except here where the abyss
throws itself on the sand
blow by blow,
over and over,
and we stand on the shore
loving its pulse
as it swallows the stars,
and has since it all began
and will continue into oblivion,
past our knowing
and the wild toppling green that enters us today,
for a small time
in half winter, half spring.

  April 1, 1974

ANNE SEXTON nasceu em Newton, Massachusetts, em 1928. Seu primeiro colapso mental com depressão pós-parto ocorreu após o nascimento de sua filha mais velha, em 1953; repetidas hospitalizações ocorreram ao longo de sua vida. Seu terapeuta a encorajou a escrever e, em 1957, ela participou de oficinas de poesia em Boston, que a colocariam na órbita de Maxine Kumin, Robert Lowell e Sylvia Plath. Seus livros são: *To Bedlam and Part Way Back* [Alta Parcial do Manicômio], 1960; *All My Pretty Ones* [Todas as Pessoas Que Amo], 1962; o vencedor do Prêmio Pulitzer *Live or Die* [Viver ou Morrer], 1966; *Love Poems* [Poemas de Amor], 1969; *Transformations* [Transformações], 1971; *The Book of Folly* [O Livro da Besteira], 1973; *The Death Notebooks* [Os Cadernos da Morte], 1974; e os volumes póstumos *The Awful Rowing Toward God* [A Remadura Medonha Rumo a Deus], 1975; *45 Mercy Street* [Mercy Street, 45], 1976 e *Words for Dr. Y.* [Palavras ao Dr. Y.], 1978. Ela cometeu suicídio em outubro de 1974, aos 45 anos.

LINDA GRAY SEXTON nasceu em Newton, Massachusetts, em 1953. Formou-se em literatura em Harvard em 1975. Após a morte de sua mãe, tornou-se a executora literária do espólio de Anne Sexton e editou vários livros póstumos de poesia de sua mãe. Ela é autora de uma série de obras de não ficção, ficção e memórias, incluindo *Between Two Worlds: Young Women in Crisis*, 1979; *Rituals*, 1981; *Points of Light*, 1988; *Searching for Mercy Street: My Journey Back to My Mother, Anne Sexton*, 1994; and *Half in Love: Surviving the Legacy of Suicide*, 2011.

BRUNA BEBER nasceu em Duque de Caxias, Rio de Janeiro, em 1984, e vive em São Paulo desde 2007. É poeta, tradutora e mestre em teoria e história literária pela Unicamp. Autora de seis livros de poesia, entre eles *Veludo rouco* (Companhia das Letras, 2023), *Ladainha* (Record, 2017) e *Rua da Padaria* (Record, 2013). Publicou também o livro de ensaios *Uma encarnação encarnada em mim – Cosmogonias encruzilhadas em Stella do Patrocínio* (José Olympio, 2022) e o infantil *Zebrosinha* (Galerinha, 2013). Traduziu Louise Glück, Edna St. Vincent Millay, Shakespeare, Sylvia Plath, Lewis Carroll, Mary Gaitskill, Eileen Myles, Dr. Seuss, entre outros. Em 2023, foi contemplada com a bolsa de residência Looren América Latina, da Casa de Tradutores Looren/Pro Helvetia, na Suíça.

Poemas © The Estate of Anne Sexton, 1960, 1962, 1966, 1969, 1971, 1972, 1974, 1975, 1976, 1978, 1981
Seleção e apresentação © Linda Gray Sexton, 2020
© Relicário Edições, 2023
Esta edição é publicada por meio de um acordo com Sterling Lord Literistic, Inc. e Agência Literária Riff

Dados Internacionais de Catalogação na Publicação (CIP) de acordo com ISBD

S518c

Sexton, Anne

Compaixão / Anne Sexton; organizado por Linda Gray Sexton, tradução por Bruna Beber. – Belo Horizonte: Relicário, 2023.

376 p. ; 14 x 22 cm.
Título original: *Mercies: selected poems*
Edição bilíngue português-inglês
ISBN 978-65-89889-81-6

1. Poesia americana – Estados Unidos. 2. Poesia norte-americana. 3. Poesia confessional. I. Sexton, Linda Gray. II. Beber, Bruna. III. Título.

CDD: 811
CDU: 821.111-1

COORDENAÇÃO EDITORIAL **Maíra Nassif Passos**
EDITOR-ASSISTENTE **Thiago Landi**
PROJETO GRÁFICO E CAPA **Ana C. Bahia**
FOTOGRAFIAS DA CAPA © **Arthur Furst**
DIAGRAMAÇÃO **Ana C. Bahia e Cumbuca Studio**
PREPARAÇÃO DA APRESENTAÇÃO **Maria Fernanda Moreira**
REVISÃO TÉCNICA **Laura Torres**
REVISÃO **Thiago Landi**

Para a realização deste trabalho, a tradutora recebeu a bolsa de residência Looren América Latina 2023 da Casa de Tradutores Looren e o apoio da fundação da cultura suíça Pro Helvetia.

/re.li.cá.rio/

Rua Machado, 155, casa 4, Colégio Batista | Belo Horizonte, MG, 31110-080
contato@relicarioedicoes.com | www.relicarioedicoes.com
@relicarioedicoes   /relicario.edicoes

1ª reimpressão [2024]
1ª edição [2023]

Esta obra foi composta em Edita e Soleil
e impressa sobre papel Chambril Avena 80g/m²
para a Relicário Edições.